도덕경, 자연의 법칙을 말하다

자연과학의 언어로 해석한 노자의 세계

자연과학의 언어로 해석한 노자의 세계

道德經

도덕경, 자연의 법칙을 말하다

노영무 지음

한국문화사

도덕경, 자연의 법칙을 말하다
자연과학의 언어로 해석한 노자의 세계

1판 1쇄 발행 2025년 12월 15일
1판 2쇄 발행 2026년 2월 25일

지 은 이 | 노영무
펴 낸 이 | 김진수
펴 낸 곳 | 한국문화사
등 록 | 제1994-9호
주 소 | 서울시 성동구 아차산로49, 404호(성수동1가, 서울숲코오롱디지털타워3차)
전 화 | 02-464-7708
팩 스 | 02-499-0846
이 메 일 | hkm7708@daum.net
홈페이지 | http://hph.co.kr

ISBN 979-11-6919-372-6 93150

차례

I

들어가며

◇◇◇

자연과학도인 내가 이 글을 쓰는 이유는 단순하다. 도덕경을 자연과학도의 관점으로 해석하고 그 이해를 펼치는 것이다. 다른 말로 그동안 도덕경에 대한 여러 해석과 해설을 접하면서 이해할 수 없었던 것들을 자연과학도인 나의 방식으로 도덕경의 내용을 분석하고 이에 근거한 해석과 이해를 펼치는 것이다. 노자의 글이 읽는 사람마다 다를 수 없다. 그러나 도덕경이 한자로 쓴 운문체의 글이고 이를 이해하는 데 도움이 되는 아무런 단서가 없다 보니 읽는 사람마다 자신의 관점으로 이해해서 다른 해석이 나온다. 도덕경 첫 장의 첫 문장도 그런 예다. "도가도 비상도"를 "도를 도라고 말해지면 진정한 도가 아니다"라고 대부분 풀이한다. 그러나 자연과학도인 나는 이 도가 이런 관념적인 도가 아닌 구체적인 자연법칙의 도로 풀이한다. 그리고 노자의 덕은 이로움을 베푸는 배려와 마음 씀이고 성인은 노자의 대역이거나 노자 자신으로 보고 이를 바탕으로 노자 사상의 핵심인 무위자연사상, 자연관, 전쟁관, 유약사상, 통치관과 삶에 대한 여러 가르침을 이해하려 한다.

지금까지 나는 자연과학도가 도덕경을 해석하고 풀이한 것을 접한 적이 없다. 일부 단편적인 내용을 펼친 것(프리쵸프 카프라, 『현대물리학과 동양사상』, 김희준, 『철학적 질문 과학적 대답』)을 접했었지만 노자의 사상이 나오지 않는다. 이런 현실에서 자연과학도의 이해를 펼치는 것은 의미가 있을 것이다.

이 글은 도덕경의 각 장을 해석하고 그 내용을 짧게 정리한 것이다. 그러나 내가 다 번역한 것이 아니다. 기존의 번역으로 잘 이해되는 부분은 그대로 인용하였고, 나의 이해와 다른 부분을 직접 해석하고 그 의미를 펼쳤다. 이렇게 각 장을 번역("직역")하고 이어 짧은 해설("이 장의 의미")을 넣고 각 장의 핵심문장을 경구("이 장의 경구")로 삼아 노자의 가르침을 전하려는 것이다. 참고문헌은 없다. 도덕경만으로도 노자의 사상을 이해할 수 있기 때문에 도덕경의 각 장을 인용하는 것으로 대신했다.

나는 노자가 실존 인물인지, 도덕경이 노자의 글인지, 집단의 작품인지, 판본에 따른 쟁점 등에 관심을 두지 않는다. 내가 읽은 도덕경 통상본(왕필본) 원문에 근거해서 해석하고 노자의 사상, 철학에 대한 나의 이해를 펼칠 뿐이다. 내가 사용한 텍스트는 "도덕경(Tao Teh Ching, Lao Tzu, John C. H. Wu, Shambhala, Boston & London, 2006)" 한문-영문 대조본이다.

이 책이 나오도록 큰 도움을 주신 한국문화사 강인혜 과장님께 감사드립니다.

II

각 장의 해석과 노자의 가르침과 경구

제1장

도를 도라고 할 수 있지만
꼭 도라고 해야 하는 것은 아니다

본문

道可道 非常道 名可名 非常名 無名天地之始 有名萬物之母 故常無欲以觀其妙 常有欲以觀其徼 此兩者同 出而異名 同謂之玄 玄之又玄 衆妙之門

직역

도를 도라고 할 수 있지만 꼭 도라고 해야 하는 것은 아니다. 이름을 그렇게 지어도 되지만 꼭 그 이름이 아니어도 된다. 이름이 없는 것이 천지의 시작이고 이름이 있는 것이 만물의 어미다. 그러므로 항상 (보려는) 욕심 없이 보면 그 묘, 도를 보고, 항상 (보려는) 욕심을 품고 보면 그 요, 만물을 본다. 이 둘은 같은 것이고 나온 것은 다른 이름이다. 둘 다 현묘하다. 현묘하고 현묘하다. (이 현묘한 도는) 여러 묘한 것, 만물이 나오는 문이다.

이 장의 의미

노자는 도라는 글자로 자신의 사상을 펼치는 용어로 삼고 그 도가 무엇인지 밝힌다. 이름 즉, 도가 없었을 때가 천지의 시작이고 이름 즉, 도가 나오고 만물이 나왔다는 것으로 도가 태초에 만물을 창조한 원리임을 밝힌다. 만물을 창조한 원리인 이 도는 항상 눈을 뜨고 보려고 하지 말고(무욕) 눈을 감고 보아야 한다. 눈을 감고 보면 그 묘 즉, 만물을 창조한 원리인 도를 볼 수 있다. 그러나 이 도를 보려고(유욕) 눈을 뜨고 보면 도는 보이지 않고 그 요 즉, 주변의 만물, 자연을 볼 뿐이다. 눈에 보이지 않는 도(창조의 원리)나 눈에 보이는 만물(자연)은 이름만 다를 뿐 같은 것이다. 도(창조의 원리)와 만물(자연)은 어미와 아들의 관계이기 때문이다(52장). 참으로 묘하지 않은가! 이 도는 여러 묘한 것, 만물이 나오는 문, 창조의 원리, 자연법칙이다. 무엇이 들락거리는 문이 아니다. 이 첫 장은 노자의 도가 만물을 창조한 원리인 자연법칙이고 이 도로 자신의 가르침을 펼치려 한다는 도덕경의 서론이다.

노자의 가르침

노자는 자신의 사상을 펼칠 핵심 용어를 도라고 명명하고 눈으로 볼 수 없는 도가 만물을 창조한 자연의 원리, 자연법칙임을 밝힌다.

이 장의 경구

그러므로 항상 보려는 욕심이 없이 보면 그 묘(창조의 원리, 도)를 보고, 항상 보려는 욕심을 품고 보면 그 요(만물, 자연)를 본다.

눈을 감고 보면(무욕) 만물을 창조한 자연의 원리인 도를 보고 눈을 뜨고 보면(유욕) 만물, 자연을 본다. 원리, 진리는 눈을 감아야 보인다. 노자의 도는 원리여서 눈을 감아야 볼 수 있다.

제2장

세상사람 모두 알고 있는 아름다움을 아름다운 것으로 여기고 있지만 그것은 추한 것일 수 있다

본문

天下皆知美之爲美 斯惡已 皆知善之爲善 斯不善已 故有無相生 難易相成 長短相較 高下相傾 音聲相和 前後相隨 是以聖人 處無爲之事 行不言之敎 萬物作焉而不辭 生而不有 爲而不恃 功成而弗居 夫唯弗居 是以不去

직역

세상사람 모두 알고 있는 아름다움을 아름다운 것으로 여기지만 그것은 추한 것일 수 있다. 모든 사람들이 알고 있는 선을 선이라고 여기지만 그것은 불선일 수 있다. 이런 이치로 유와 무는 서로를 낳고, 어렵고 쉬움은 서로를 만들고, 길고 짧음은 서로를 견주고, 높고 낮음은 서로를 기울이며, 악기 소리와 목소리는 서로 조화를 이루고, 앞과 뒤는 서로 따른다.

이런 까닭에 성인은 작위 하지 않는 무위로 일을 처리하고 말이 없는 가르침을 행한다. 만물을 만들었지만 이를 떠들어 말하지 않고 낳았지만 소유하지 않는다. 일을 하고도 자랑하지 않고 공을 이루어도 거기에 머물지 않는다. 대저 오로지 머물지 않으니 사라지지 않는다.

이 장의 의미

상대적인 인간사회와 절대적인 자연의 세계가 어떻게 다른지 말한다.

상대적인 인간 세계에서는 사람들이 알고 있는 아름다움을 아름다운 것으로 여기지만 그것은 추한 것일 수도 있고 모든 사람들이 알고 있는 선을 선이라고 여기지만 그것은 불선일 수도 있다. 왜 그런가? 미와 추, 선과 불선 사이에 경계선이 없기 때문이다. 내가 아름답다고 하는 것을 다른 사람은 추한 것으로 볼 수도 있고 나의 선이 다른 사람에게는 불선일 수도 있다. 그러나 대부분의 사람들은 이런 추상적인 미와 추, 선과 불선의 두 말 사이의 어느 한 부분을 자신의 이해로 삼아서 사람마다 그 이해가 다를 수 있다. 아름다운 것을 보고 추하다고 여기는 사람도 있고 선을 보고 불선이라고 여기는 사람도 있다. 미와 추와 달리 선과 불선에 대한 이해가 다르면 다툼이 일어난다. 그래서 선과 불선의 경계를 법으로 정하고 이를 판단의 기준으로 삼는다. 또 유와 무는 서로를 만들고, 어렵고 쉬움은 서로를 이루고, 길고 짧음은 서로를 견주어 보고, 높고 낮음은 서로를 기울여 보고, 악기소리와 목소리는 서로 조화를 이루고, 앞과 뒤는 서로를 따르는 관계를 이룬다. 이것이 상대적인 인간의 세계, 유위의 세계의 일이다.

자연의 세계는 어떤가? 자연의 세계는 자연의 원리(도)를 따라(무위) 일을 처리하고 말 없는 가르침을 행하는 세계 즉, 자연의 원리로 모든 일이 이루어지는 세계다. 일을 이루었지만 자랑하지 않고 낳았지만, 자기 것이라고 주장하지 않으며 공을 이루었지만 이를 차지하려 하지 않아서 그 공이 사라지지 않는 세계가 자연의 세계다. 서로 비교되지 않고 도, 자연의 원리로 움직이는 무위의 세계가 자연의 세계다.

노자의 가르침

인간의 세계는 미추, 선악, 우열을 따지는 유위의 세계다. 자연의 세계는 도를 따르는 무위로 일을 처리하고 말이 없는 가르침을 행하고 만물을 낳았지만, 말로 떠들어 자랑하지 않고 자기가 낳았지만, 자기 것이라고 주장하지 않고 공을 이루어도 거기에 머물지 않아서 사라지지 않는 세계, 무위의 세계임을 말한다.

이 장의 경구

세상사람 모두 알고 있는 아름다움을 아름다운 것으로 여기지만 그것은 추한 것일 수 있다. 모든 사람들이 알고 있는 선을 선이라고 여기지만 그것은 불선일 수 있다.

인간의 세계는 모든 것이 비교되는 상대적인 세계, 유위의 세계다. 같은 것을 보고 아름답다고 하는 사람도 있고 별로 아름답지 않다거나 심지어 추하다고 여기는 사람도 있다. 선한 것을 선하다고 여기기도 하고 불선이라고 여기기도 한다. 그러나 자연의 세계는 미, 추, 선, 불선을 따질 수 없고 말이 아닌 자연 현상으로 보여주는 가르침을 행하면서 도, 자연의 원리로 움직이는 무위의 세계다.

제3장

현명함을 높이지 않음으로 백성들이 다투지 않게 하고...

본문

不尙賢 使民不爭 不貴難得之貨 使民不爲盜 不見可欲 使民心不亂 是以聖人之治 虛其心 實其腹 弱其志 强其骨 常使民無知無欲 使夫知者不敢爲也 爲無爲 則無不治

⊛ 직역

(통치자는) 현명함을 숭상하지 않음으로 백성들을 다투지 않게 하고, 얻기 어려운 재화를 귀하게 여기지 않음으로 백성들을 도둑이 되지 않게 하며, 탐낼만한 것을 보여주지 않음으로 백성들의 마음을 혼란스럽지 않게 해야 한다. 이런 까닭에 성인을 통한 노자의 가르침은 백성들의 마음을 비우게 하고 배를 채우게 하며 의지를 약하게 하고 뼈

를 강하게 한다. 항상 백성들이 너무 알게 하지 말고 지나친 욕심을 품지 않게 하며 안다는 자들이 감히 맘대로 하지 못하게 한다. 무위를 행하면 다스리지 못할 것이 없다.

이 장의 의미

통치자가 백성들을 잘 다스리기 위해서 해야 할 일 세 가지다.

첫째, 현명함을 숭상하지 않아서 백성들이 경쟁하지 않게 해야 한다. 통치자가 현명한 자들을 높이면 백성들이 삶에 도움이 되지 않는 지식을 얻으려고 경쟁한다. 백성들을 이런 지식을 추구하지 말고 생업에 전념하게 하라는 말이다.

둘째, 얻기 어려운 재화를 귀하게 여기지 않아야 한다. 그래야 백성들이 분수에 넘치는 재화를 소유하려는 헛된 노력을 하지 않는다.

셋째, 탐낼만한 것을 백성들에게 내보이지 않아야 한다. 그래야 백성들이 상대적인 박탈감으로 심란해지지 않는다. 노자는 백성들은 마음을 비우고 뜻을 약하게 하고 배불리 먹고 육체를 건강하게 하고 지나친 욕심을 갖지 않게 하고(무욕) 일상에서 필요한 것보다 더 많은 지식을 갖지 않도록(무지) 하라고 했다. 무지, 무욕, 무위의 삶이다. 그리고 안다고 하는 자들이 작위적인 행위를 하지 못하게 해서 백성들을 편하게 살 수 있게 해야 하고 자연의 섭리와 도리에 맞게 무위로 다스리면 다스리지 못할 것이 없다고 했다. 자연을 본받아 무위로 다스리라는 의미다.

노자의 가르침

통치를 잘하려면 백성들이 잘 따르도록 해야 한다. 어떻게 하는가? 통치자가 현명함을 숭상하지 않고, 얻기 어려운 귀한 재화를 귀하게 여기지 않으며 탐낼 만 한 것을 백성들에게 보여주지 않아서 백성들이 쓸데없는 생각을 품지 않고 심란하게 하지 않도록 해야 한다. 백성들의 생각을 단순하게 하고 잘 먹고 잘 살 수 있도록 무위로 다스려야 한다. 무위로 백성들을 다스리면 다스리지 못할 것이 없다고 했다. 무위의 통치를 행하라는 가르침이다.

이 장의 경구

이런 까닭에 성인의 다스림은 백성들이 마음을 비우고 배를 채우게 하며 의지를 약하게 하고 뼈를 강하게 한다. 항상 백성들이 너무 알게 하지 말고 지나친 욕심을 품지 않게 하며 아는 자들이 감히 맘대로 하려는 엄두를 내지 못하게 한다.

노자는 통치자들은 백성들이 마음을 비우게 하고 다른 생각을 품지 말고, 사는 데 필요한 것 이상의 지식을 추구하지 않게 하며 지나친 욕심을 버리고 먹고사는 것을 걱정하지 않고 배부르고 편하게 살도록 하고 지도층의 사람들이 자기 마음대로 하지 못하게 해야 한다는 가르침을 펼친다.

제4장

도는 비어 있어서 쓰려고 하면 늘 차있지 않다

본문

道沖而用之或不盈 淵兮似萬物之宗 挫其銳 解其紛 和其光 同其塵 湛兮 似或存 吾不知誰之子 象帝之先

직역

도는 비어 있어서 쓰려고 하면 늘 차있지 않다. 깊기도 하구나. 마치 만물의 근원인 것 같다. (도는) 날카로운 것을 다듬고, 얽힌 것을 풀어주며, 빛을 부드럽게 하여 티끌과 같아지게 한다. 맑기도 하구나. 뭔가 있는 것 같다. 나는 그가 누구의 자식인지 알 수 없다. 상제보다 먼저다.

이 장의 의미

도는 보이지 않고 들리지 않으며 잡을 수도 없어서 비었는지 차고 넘치는지 알 수 없다. 그러나 도는 보이지 않지만 무소부재하고 영원히 작동하는 것이어서 비어 있는 것 같아도 언제나 차 있어서 퍼 쓸 수 있다. 도는 날카로운 것을 다듬고 얽힌 것을 풀며 그 빛을 누그러뜨려 조화롭게 하여 티끌처럼 같아지게 한다. 도는 깊고 맑아서 도가 있는지 알 수 없고 어디서 왔는지, 누구의 자식인지 알지 못하지만 상제보다 먼저 있었다고 했다. 도가 태초에 천지만물을 창조한 원리, 자연법칙이라는 의미다.

노자의 가르침

천지만물을 창조한 도는 보이지 않아서 없는 것 같지만 언제 어디서나 영원히 작동한다. 이 도는 날카로운 것을 다듬고 얽힌 것을 풀며 그 빛을 조화롭게 하여 티끌과 같아지게 한다. 이 도가 어디서 왔는지, 누구의 자식인지 알지 못하지만 상제보다 먼저 태초부터 있었다는 것으로 이 도가 태초에 천지만물을 창조한 자연의 원리, 자연법칙이라는 가르침이다.

이 장의 경구

도는 비어 있어서 쓰려고 하면 늘 차있지 않다.

도는 눈에 보이지 않아서 늘 비어 있고 없는 것 같지만 어느 곳에나 있고 영원히 작동하는 창조의 원리, 자연법칙이다.

제5장

하늘과 땅은 인자하지 않다. 만물을 풀 강아지로 여긴다

본문

天地不仁 以萬物爲芻狗 聖人不仁 以百姓爲芻狗 天地之間 其猶橐籥乎 虛而不屈 動而愈出 多言數窮 不如守中

직역

하늘과 땅은 인자하지 않다. 만물을 짚으로 만든 강아지로 여긴다. 성인은 인자하지 않다. 백성들을 짚으로 만든 강아지로 여긴다. 하늘과 땅 사이는 마치 풀무나 피리와 같다. 텅 비었지만 쭈그러들지 않는다. 움직일수록 (바람이) 더 많이 나온다. 말이 많으면 궁색하게 되니 마음속에 담아 둠만 못하다.

이 장의 의미

천지와 성인은 인자하지 않아서 각각 만물과 백성들을 짚으로 만든 강아지처럼 대수롭지 않게 여긴다고 했다. 무슨 뜻인가? 불인은 사사로운 감정이나 사심이 없는 것이다. 천지는 사사로운 감정이 아니라 오직 도, 자연의 원리로 만물을 대할 뿐이고 노자는 통치자는 사사로운 감정이 아닌 도로 백성들을 대해야 한다고 말한다. 풀무질이나 피리를 부는 것도 사사로움이 아닌 원리가 있다. 풀무질이나 피리를 불 때에도 바람을 많이 내기만 해서는 원하는 효과를 얻지 못한다. 그 원리에 맞게 바람을 조절해야 원하는 효과를 얻는다. 사람들도 사사로움으로 말을 많이 하면 궁해져서 쓸데없는 말이 나온다. 마음속에 담아둠만 못하다. 모든 일은 사사로움이 아닌 도, 자연의 원리에 맞게 해야 한다는 의미다.

노자의 가르침

천지는 도, 자연의 원리로 움직일 뿐 사사로운 감정으로 움직이지 않는다. 성인 즉, 노자는 통치자들은 사사로움이 아닌 도의 원리를 따라 백성들을 다스려야 한다고 가르친다. 풀무질이나 피리를 부는 것도 사사로움이 아닌 원리에 맞게 바람을 내야 원하는 효과를 얻는다. 사사로움으로 말을 많이 하면 자주 막

히므로 마음속에 담아두어야 한다고 했다. 말을 적게 해야 한다는 가르침이다.

이 장의 경구

말이 많으면 궁색하게 되니 마음속에 담아둠만 못하다.

다언삭궁, 말이 많으면 궁해진다. 말하려는 욕망의 구멍을 막고 말이 나오는 입을 닫고 마음속에 담아 두어야 한다.

제6장

골짜기의 신은 죽지 않는다. 이를 현묘한 암컷이라 한다

본문

谷神不死 是謂玄牝 玄牝之門 是謂天地根 綿綿若存 用之不勤

⌘ 직역

골짜기의 신은 죽지 않는다. 이를 현묘한 암컷이라 한다. 이 현묘한 암컷의 문을 일러 천지의 뿌리라 한다. 끊임없이 이어지면서 있는 것 같다. 이를 (아무리) 써도 지치지 않는다.

이 장의 의미

노자는 인간은 자연이라는 것을 말한다. 죽지 않는 골짜기의 신, 신비한 암컷, 신비한 암컷의 문이라는 '신비한' 표현이 나온다. 노자는 아버지라는 의미로 중보(21장)나 교부(42장)를 말했고 도의 의미로 어미(모, 20장, 25장, 59장)라고 말한 적은 있지만 남자나 여자라는 말을 쓴 적이 없다. 모두 암컷과 수컷이라고 했다(10장, 28장, 55장, 61장). 왜 그랬을까? 인간은 짐승들의 암컷, 수컷과 같은 동물, 자연이라는 의미다. 그런데 인간이 나오는 문을 "현묘한 암컷의 문"이라고 했다. 이 현묘한 암컷의 문은 아무리 써도 지치는 법이 없다. 인간이 샘솟는 골짜기의 신, 암컷의 문은 참으로 현묘하다. 자연의 골짜기는 샘물을 솟아나게 하고 신비한 암컷의 골짜기의 문은 인간을 샘솟게 한다. 이 신비한 골짜기에서 나온 인간은 자연이다.

노자의 가르침

샘물이 솟아나는 골짜기의 신, 현묘한 암컷의 문은 끊임없이 인간을 샘솟게 한다. 자연인 골짜기, 현묘한 암컷의 문으로 나오는 인간은 자연이다.

이 장의 경구

이 현묘한 암컷의 문을 일러 천지의 뿌리라 한다.

계곡의 신, 현묘한 암컷의 문은 인간을 계속 샘솟게 하는 천지의 뿌리다.

제7장

하늘과 땅은 오래 간다

본문

天長地久 天地所以能長且久者 以其不自生 故能長生 是以聖人 後其身而身先 外其身而身存 非以其無私邪 故能成其私

직역

하늘과 땅은 오래 간다. 하늘과 땅이 능히 오래 갈 수 있는 것은 자기 힘으로 살지 않기 때문이다. 그러므로 능히 오래 살 수 있다. 이런 까닭에 성인은 몸을 뒤에 두어서 몸이 앞서게 되고, 몸을 밖에 두어서 몸을 보존한다. 이는 사사로움이 없기 때문이 아니겠는가? 그러므로 능히 사사로움을 이룬다.

이 장의 의미

천지는 스스로 태어난 것도 아니고 스스로 오래 살려고 해서 오래 사는 것이 아니다. 천지는 도, 자연의 원리로 나와서 도, 자연의 원리로 살아갈 뿐 사사로움에 얽매이지 않는다. 성인을 통한 노자의 가르침은 사사로움이 아닌 도를 따라 자신의 몸을 늘 뒤에 두어서 앞서게 하고 위험한 것의 밖에 두어서 몸을 보존하라는 것이다. 노자는 도를 따르지 않고 사사로움, 자기 맘대로 하면 죽는다고 했다(73장). 천지가 오래 가는 것이나 인간이 안전하게 사는 것은 사사로움이 아닌 자연의 원리, 도로 이루어진다는 의미다.

노자의 가르침

천지만물이 오래 가는 것은 사사로움, 자신의 힘이 아니라 도, 자연의 원리로 이루어진다. 자연인 인간도 사사로움이 아닌 도, 자연법칙을 따라야 위태로움을 면하고 원하는 것을 이루며 살 수 있다는 가르침이다. 무위자연사상이다.

이 장의 경구

하늘과 땅이 능히 오래 갈 수 있는 것은 자기 힘으로 살지 않기 때문이다.

하늘과 땅은 오직 도, 자연법칙으로 살아간다.

제8장

으뜸이 되는 선은 물과 같다

본문

上善若水 水善利萬物而不爭 處衆人之所惡 故幾於道 居善地 心善淵 與善仁 言善信 正善治 事善能 動善時 夫唯不爭 故無尤

직역

으뜸이 되는 선은 물과 같다. 물은 만물을 이롭게 하지만 다투지 않고 많은 사람들이 싫어하는 곳에 머문다. 그러므로 도에 가깝다.

거주하는 것의 선은 (물을 본받아) 땅을 잘 살피는 것이고

마음가짐의 선은 깊은 (물이 잔잔한) 연못처럼 그윽한 것이고

베푸는 것의 선은 (부드러운 물처럼) 자애로운 것이고

말하는 것의 선은 (늘 낮은 곳으로 흐르는 물처럼) 믿음이 있는 것이고

바로잡는 것의 선은 (변치 않고 흐르는) 물처럼 정직하게 다스리는 것이고

일하는 것의 선은 (물의 능력을 본받아) 능력으로 일하는 것이고

움직이는 것의 선은 (물의 흐름처럼) 때를 잘 살피는 것이다.

대저 오로지 (물처럼) 다투지 않으면 허물이 없다.

이 장의 의미

이 장의 내용은 두 가지다. 물이 상선인 도에 가까운 것이라는 것과 물로 펼치는 차선인 일곱 선이다.

첫째, 상선, 으뜸이 되는 선은 물과 같다고 했다. 물을 의인화해서 물이 자신의 의지로 아래로 흐르면서 만물에 유익함을 주고 다투지 않고 많은 사람들이 가지 않는 낮은 곳에 머무르는 겸손함을 보여주어서 상선과 같고 "도에 가깝다(도의 낌새가 있다)"고 했다. 이런 상선인 물의 흐름을 본받으면 도에 가까운 도, 인륜적인 도를 행하는 것과 같다는 의미이다. 그런데 왜 이런 물의 행위를 도라고 하지 않고 "도에 가깝다"고 했을까? 이것은 의인화한 물의 흐름에서 오는 이로움을 주고 겸손한 도는 도에 가깝지만 진정한 도가 아니라는 것을 말하는 것이다. 그러면 의인화하지 않은 자연인 물이 흐르는 원리가 진정한 도라는 의미다. 노자는

자연의 원리로 흐르는 물의 비유로 도가 자연법칙(중력)이라는 것을 밝혔다(32장). "비유하자면 도가 있다는 것은 시내와 계곡의 물이 강과 바다에 이르는 것과 같다"고 했다. 물이 낮은 곳으로 흘러서 강과 바다에 이르게 하는 자연의 원리가 도라는 비유다. 이 원리는 중력이다. 이 중력, 자연법칙이 낌새만 있는 도가 아닌 진정한 도라는 의미다.

둘째, 물의 흐름으로 살면서 행해야 할 일곱 선을 말했다. 물의 흐름으로 거주할 땅을 살피고, 흐르는 물처럼 신중하게 마음을 쓰며, 이로움을 주는 물처럼 인자함으로 베풀고, 변치 않는 물의 흐름처럼 믿음 있는 말을 하고, 물이 아래로 흐르는 일관되고 정직함으로 백성들을 다스리고, 모든 것을 이기는 물의 능력을 본받아 일하고, 물의 흐름처럼 때를 잘 맞추어서 일을 해야 한다는 가르침이다. 물의 흐름을 본받아 도에 가까운 삶을 살면서 물의 일곱 선을 본받아 다투지 않으면 평생 허물이 없다는 의미다.

노자의 가르침

노자의 가르침은 두 가지다. 하나는 최고의 선은 물과 같고 이 물의 선은 도에 가깝다는 것이다. 의인화한 물이 아래로 흐르는 유익하고 다투지 않고 겸손한 행위가 도에 가깝다고 했다. 이런 물의 행위를 따르면 도에 가까운 도, 인륜적인 도를 따르는 것과 같다는 가르침이다. 그러나 이런 물의 행위는 도에 가깝기는 하지만 진정한 도가 아니라는 의미가 함축되어있다. 그러므로 진정한 도는 자연인 물이 아래로 흐르게 하는 중력 같은 자연의 원리, 자연법칙이라는 가르침으로 볼 수 있다(32장). 그리고 물의 흐름으로 인간이 살아가는 데 필요한 일곱 선을 말했다. 노자의 가르침은 물의 상선을 따르고 칠선을 지키면서 다투지 않으면 평생 허물이 없다는 것이다.

이 장의 경구

대저 오로지 (물처럼) 다투지 않으면 허물을 남기지 않는다.

상선이고 도에 가까운 물을 본받고 일상에서 물의 일곱 선을 따르면 잘못될 일이 없다.

제9장

있는데도 더 채우는 것은 그치는 것만 못하다

본문

持而盈之 不如其已 揣而梲之 不可長保 金玉滿堂 莫之能守 富貴而驕 自遺其咎 功遂身退 天之道

⌘ 직역

있는데도 (더) 채우는 것은 그치는 것만 못하다. 더욱 날카롭게 하면 오래 유지할 수 없고, 금과 보석이 집에 가득하면 잘 지킬 수 없다. 부귀하면 교만해지고 스스로 허물을 남긴다. 공을 이루면 몸이 물러나는 것이 하늘의 도다.

이 장의 의미

이미 차있는데도 더 채우려는 것은 그만두는 것만 못하다. 왜 그런가? 무엇이든 지나침은 좋지 않기 때문이다. 차있는데 더 채우는 것은 헛된 것이고, 너무 예리하게 갈면 무뎌지기 쉽고, 금은보화를 많이 갖고 있으면 지키기 어렵고, 부귀하면 교만해진다. 원하는 것을 이루었으면 그치는 것이 자연의 섭리, 하늘의 도다.

노자의 가르침

이미 원하는 것을 이루었는데도 더 이루려는 욕심을 내면 오히려 일을 그르친다. 그러므로 공을 이루었으면 물러나는 것이 순리, 하늘의 도다.

이 장 의 경 구

공을 이루면 몸이 물러나는 것이 하늘의 도다.

원하는 것을 이루었으면 거기서 멈추고 물러나는 것이 하늘의 도, 자연의 섭리다. 박수받을 때 떠나라!

제10장

혼백을 하나로 묶어 흩어지지 않게 할 수 있겠는가?

본문

載營魄抱一 能無離乎 專氣致柔 能嬰兒乎 滌除玄覽 能無疵乎 愛民治國 能無知乎 天門開闔 能無雌乎 明白四達 能無爲乎 生之畜之 生而不有 爲而不恃 長而不宰 是謂玄德

직역

백성들의 혼백을 하나로 품어 흩어지지 않게 할 수 있겠는가. 오로지 기를 부드럽게 하여 갓난아이처럼 할 수 있겠는가. 마음의 거울을 닦아 아무 흠이 없게 할 수 있겠는가. 백성을 사랑하고 나라를 다스리는데, 아는 것으로 하지 않을 수 있겠는가. 하늘의 문을 열고 닫는데 암컷 없이 할 수 있겠는가. 사방에 뜻을 밝히는데 꾸미지 않고(무위) 할 수 있겠는가. (도가) 낳아주고 (덕이) 길러준다. (도가) 낳았지만 소유하지 않는다. (덕이) 일을 이루었지만 의지하지 않고 자라게 했지만 거느리지 않는다. 이를 현덕이라 한다.

이 장의 의미

나라를 다스리는 덕을 말한다. 국론을 통합하여 분열되지 않게 하고, 백성을 사랑하고 나라를 다스리는데 지모로 하지 않고, 갓난아이의 부드러움으로 다스리고, 국사를 수행하는데 사적인 것에 매달리지 않고, 방방곡곡 뜻을 펼치는데 꾸미지 않고 할 수 있겠는가? 통치자에게 묻는다. 한마디로 백성들의 뜻을 받들고 백성들을 사랑하고 부드럽고 사심을 버리고 꾸미지 않고 지모가 아닌 현덕으로 통치하라는 의미다. 현덕은 무엇인가? 낳았지만 소유하지 않고 일을 이루었지만 자랑하지 않고 길러주었지만 거느리지 않는 덕이다.

노자의 가르침

통치자가 백성들을 다스리는 데 필요한 여러 구체적인 덕목을 말한다. 백성들의 뜻을 살펴서 사심 없이 자신의 업적을 자랑하지 않고 지모로 다스리지 않고 길러주었지만 거느리지 않는 현덕의 다스림을 펼치라는 가르침이다.

이 장의 경구

백성을 사랑하고 나라를 다스리는데 지모로 하지 않을 수 있겠는가.

백성들을 사랑하고 나라를 다스리는데 지모로 하지 않고 현덕으로 해야 한다. 지모나 술수로 다스리면 나라의 해가 되기 때문이다(65장).

제11장

삼십 개의 바퀴살이 하나의 바퀴살통에 들어간다

본문

三十輻共一轂 當其無有車之用 挻埴以爲器 當其無有器之用 鑿戶牖以爲室 當其無有室之用 故有之以爲利 無之以爲用

❀ 직역

삼십 개의 바퀴살이 하나의 바퀴살통에 들어간다. 그 바퀴살통의 없음(공간)이 수레의 쓰임을 만든다. 찰흙을 이겨 그릇을 만든다. (움푹하게 들어간) 없음(공간)이 그릇의 쓰임을 만든다. (벽을) 뚫어서 문과 창문을 만든다. 그 문과 창문에 없음(공간)이 방의 쓰임을 만든다. 그러므로 그 있음(수레, 그릇, 방)이 이로움을 만들고 그 없음(공간)이 쓰임을 만든다.

이 장의 의미

이 장의 해석은 어렵지 않지만, 그 의미는 심오하고 차원이 높다. 무위와 다르지 않은 유위의 의미를 펼치기 때문이다. 노자는 바퀴살통의 빈 공간의 무, 찰흙을 빚어 만든 움푹한 빈 공간의 무, 문과 창문의 빈 공간의 무가 쓰임을 만들어서 각각 수레, 그릇, 방의 이로움을 만든다고 했다. 이 무는 보이지 않아서 무라고 할 뿐 실재하는 삼차원의 공간, 유여서 쓰임을 만들 수 있다. 그러나 노자는 이런 단순한 것을 말하는 것이 아니라 이 공간을 써서 이로움을 만들고 이를 이용하는 것은 자연인 인간이 자연을 활용하여 쓰임을 만들고 이로움을 이용하는 유위적인 활동은 무위에 반하지 않는다는 것을 말한다. 자연인 인간이 자연을 이용하여 이로움을 만드는 유위는 무위와 같다는 의미다.

노자의 가르침

노자는 무위를 주장하고 유위를 배격하지만, 자연인 인간이 생존을 위해 자연을 활용하는 유위는 무위에 반하지 않는다는 것을 가르친다. 이런 노자의 사상은 자연을 이용해서 이로움을 만들어 쓴다는 것을 펼친다는 점에서 반문명적이지 않다.

이 장의 경구

그러므로 그 있음(수레, 그릇, 방)으로 이로움을 만들고 그 없음(공간)으로 쓰임을 만든다.

인간은 자연을 이용해서 공간을 만들고 그 공간의 이로움을 이용한다. 자연인 인간이 자연을 이용하는 유위는 필요한 행위여서 자연의 원리에 반하지 않는다. 무위와 다르지 않다.

제12장

현란한 색깔은 사람들의 눈을
멀게 하고, 현란한 음악은 사람들의
귀를 먹게 하고, 산해진미는 사람들의
입을 버리게 하고...

본문

五色令人目盲 五音令人耳聾 五味令人口爽 馳騁畋獵令人發狂心 難得之貨令人行妨 是以聖人爲腹不爲目 故去彼取此

❀ 직역

현란한 색깔은 사람들의 눈을 멀게 하고, 현란한 음악은 사람들의 귀를 먹게 하고, 산해진미는 사람들의 입을 버리게 하고, 말 달리며 사냥하는 것은 사람들의 마음을 들뜨게 하고, 얻기 어려운 재화는 사람들의 행동을 방해한다. 이런 까닭에 성인은 배를 위하고 눈을 위하지 않는다. 그러므로 눈을 위하는 저것을 버리고 배를 위하는 이것을 취한다.

이 장의 의미

사람들은 눈, 귀 그리고 입으로 즐기기를 좋아하고 얻기 힘든 재화를 얻으려 힘쓰고 육체적, 정신적인 쾌락을 추구한다. 그러나 이런 것은 아무나 할 수 있는 것이 아니다. 시간과 경제적인 여유가 있어야 한다. 이에 노자는 가난한 백성들은 배를 위하는 것 즉, 먹고 사는 것을 취하고 눈을 위하는 것 즉, 향락적인 것을 버리라고 했다. 거피취차는 전자 후자의 관계가 아니다. 각자 처한 상황에서 덜 필요한 것을 버리고 요긴한 것을 취사선택하는 것이다.

노자의 가르침

서민, 백성들은 향락적인 것을 버리고 우선 먹고 사는데 필요한 것을 취하라는 가르침이다. 거피취차는 각자 처한 상황에서 더 필요한 '이것'을 취하고 덜 필요한 '저것'을 버리라는 의미다. 뒤에 나오는 거피취차(38장, 72장)도 같은 의미다.

이 장의 경구

그러므로 눈을 위하는 저것을 버리고 배를 위하는 이것을 취한다.

가난한 백성들은 향락을 추구하지 말고, 먹고 사는 것을 먼저 해결해야 한다.

제13장

총애를 받아도 놀라는 것 같이 하고 굴욕을 당해도 놀라는 것 같이 한다

본문

寵辱若驚 貴大患若身 何謂寵辱若驚 寵爲下 得之若驚 失之若驚 是謂寵辱若驚 何謂貴大患若身 吾所以有大患者 爲吾有身 及吾無身 吾有何患 故貴以身爲天下 若可寄天下 愛以身爲天下 若可託天下

※ 직역

(사람들은) 총애를 받아도 놀라는 것 같이 하고 굴욕을 당해도 놀라는 것 같이 한다. 큰 근심을 귀하게 여기기를 자기 몸과 같이 한다. 무엇을 일러 총애를 받아도 놀라는 것 같이 한다고 하고 굴욕을 당해도 놀라는 것 같이 한다고 하는가? 총애는 (윗사람의) 아래가 되는 것이다. (윗사람의) 총애를 받아도 놀라는 것 같이 하고 (윗사람의) 총애를 잃어도 놀라는 것 같이 한다. 이를 일러 총애와 굴욕에 놀라는

것 같다고 한다. 왜 큰 근심을 자기 몸처럼 귀하게 여기는가? 내가 큰 근심을 갖게 되는 까닭은 내 몸이 있기 때문이다. 내게 몸이 없다면 무슨 근심이 있겠는가? 그러므로 몸을 귀하게 하는 것으로 천하를 위하면 천하를 줄 수 있는 것과 같고 몸을 사랑하는 것으로 천하를 위하면 천하를 맡길 수 있는 것과 같다.

이 장의 의미

사람들이 근심·걱정 하는 것은 다 자기 몸이 잘못될까 봐서다. 그런데 사람들은 총애와 굴욕에 다 놀라는 것 같이 한다. 왜 그런가? 총애는 윗사람의 사랑을 받는 것이기 때문이다. 그래서 사람들은 윗사람의 총애를 받으면 기뻐서 놀라는 것 같이 하고 총애를 잃으면 실망해서 놀란 것 같이 한다. 그러나 총애를 받고 못 받는 것에 놀라고 말고 할 것이 없다. 정작 놀라야 할 것은 우리 몸에 큰 근심이 있느냐 없느냐 하는 것이다. 내게 몸이 있어서 근심·걱정을 하는 것이지 몸이 없다면 근심·걱정을 할 이유가 없다. 내 몸이 가장 귀한 것이다. 그러므로 천하를 자기 몸처럼 귀하게 여기는 사람에게는 천하를 줄 수 있고 천하를 자기 몸처럼 사랑하는 사람에게는 천하를 맡길 수 있다고 했다. 몸이 천하만큼 귀한 것이므로 잘 보존해야 한다는 의미다. 노자의 중요한 가르침이다.

노자의 가르침

노자의 가르침은 우리의 몸이 천하만큼 귀한 것이므로 자신의 몸을 귀하게 여기고 사랑하고 잘 보존하라는 것이다.

이 장의 경구

그러므로 몸을 귀하게 하는 것으로 천하를 위하면 천하를 줄 수 있고 몸을 사랑하는 것으로 천하를 위하면 천하를 맡길 수 있다.

자신의 몸을 귀하게 여기는 것처럼 천하를 위하면 천하를 줄 수 있고 자신의 몸을 사랑하는 것처럼 천하를 위하면 천하를 맡길 수 있다. 몸이 천하만큼 귀한 것이어서 자신의 몸을 사랑하고 귀하게 여기고 잘 보존해야 한다.

제14장

보아도 알아보지 못하는 것을 투명한 것이라 하고...

본문

視之不見名曰夷 聽之不聞名曰希 搏之不得名曰微 此三者不可致詰 故混而爲一 其上不皦 其下不昧 繩繩不可名 復歸於無物 是謂無狀之狀 無物之象 是謂恍惚 迎之不見其首 隨之不見其後 執古之道 以御今之有 能知古始 是謂道紀

직역

보고도 알아보지 못하는 것을 투명한 것(夷)이라 하고, 들고도 알아듣지 못하는 것을 희미한 것(希)이라고 하고, 잡고도 얻지 못하는 것을 미미한 것(微)이라고 한다. 이 세 가지는 따질 수 없어서 섞어서 하나(一)가 된다. 그 위는 밝지 않고 그 아래는 어둡지 않다. 꼬이고 꼬여서 그 이름을 붙일 수 없다. 아무것도 없는 (태초의) 상태로 돌아간다. 이를 일러 모양이 없는 모양이라 하고 물체가 없는 형상이라 한다. 이를 일러 미묘하고 헤아리기 어려운 상태, 황홀이라고 한다. 이를 맞이하지만, 그 머리를 볼 수 없고 이를 따라가지만, 그 뒤를 볼 수 없다. 옛 도를 가져와 지금의 도로 삼아 다스리면 능히 태초의 시작을 알 수 있다. 이것이 도의 기원이다.

이 장의 의미

보고도 알아볼 수 없고, 듣는 데도 알아들을 수 없고, 잡았지만 얻을 수 없는 것이 있는데 이를 일일이 따질 수 없어서 묶어서 하나(一)의 원리로 보아야 한다. 하나(一)로 묶은 이 원리는 모양이 없는 모양이고 물체가 없는 형상으로 그저 황홀하게 느낄 뿐이다. 꼬이고 미묘해서 이름을 붙일 수도 없다. 이 하나(一)가 태초에 천하 만물을 창조한 창조의 원리인 도다. 이 옛 도가 지금까지 이어져 오면서 천하 만물의 운행을 관장하는 자연의 원리, 자연법칙이다. 이것이 도의 기원이다.

노자의 가르침

인간의 감각으로 인식할 수 없는 도는 모든 자연현상의 원리를 하나(一)로 묶은 자연법칙의 총칭이다. 이 도가 태초에 천지만물을 창조하고 그 운행을 관장하면서 지금까지 이어져 오는 도의 기원이 되는 도라는 것이 노자의 가르침이다.

이 장의 경구

옛 도를 가져와 지금의 도로 삼아 다스리면 능히 태초의 시작을 알 수 있다. 이것이 도의 기원이다.

태초에 천지만물을 창조한 그 옛 도가 지금까지 이어져 오면서 천지만물의 운행을 관장하는 영원불변의 자연법칙의 도다. 이것이 도의 기원이다.

제15장

옛날의 훌륭한 선비는 미묘하고 현통해서 깊이를 알 수 없었다

본문

古之善爲士者 微妙玄通 深不可識 夫唯不可識 故强爲之容 豫焉若冬涉川 猶兮若畏四隣 儼兮其若容 渙兮若氷之將釋 敦兮其若樸 曠兮其若谷 混兮其若濁 孰能濁以靜之徐淸 孰能安以久動之徐生 保此道者 不欲盈 夫唯不盈 故能蔽不新成

⊛ 직역

옛날의 훌륭한 선비는 미묘하고 깊게 통달하고 있어서 그 깊이를 알 수 없었다. 오로지 알 수 없어서 억지로 그 모습을 그려본다. 망설이기는 마치 겨울에 시내를 건너는 것 같고, 주저하기는 사방의 이웃을 두려워하는 것 같고, 의젓하기는 (온화한) 얼굴 모습 같고, 흩어지기는 녹아 풀어지려는 얼음 같고, 돈독하기는 통나무 같고, 텅 비어 있기는 골짜기 같고, 섞여 있기는 혼탁한 것 같다. 누가 혼탁한 것을 안정시켜 능히 서서히 맑게 하겠으며, 누가 안정된 것을 오래 흔들어서 능히 서서히 살려낼 수 있겠는가? 이 도를 지니고 있는 사람은 채우려 하지 않는다. 대저 오로지 채우지 않는다. 그러므로 (낡은 것을) 덮어서 새롭게 이루려고 하지 않는다.

이 장의 의미

훌륭한 선비들이 망설이고 주저하는 모습을 비유로 도가 쉽게 알 수 있는 것이 아니라는 것을 말한다. 그러면 도를 아는 사람은 어떤가? 채우려 하지 않는다. 도, 자연의 원리에 맡길 뿐이다. 노자는 이런 도의 이치를 흔히 보는 자연현상으로 설명했다. 혼탁한 것은 아무리 오래 두어도 맑아지지 않고, 안정된 것은 아무리 흔들어도 살아나지 않는다고 했다. 이것은 평범한 말 같지만 열역학 제2 법칙인 엔트로피 법칙이다. 먹물처럼 검게 혼탁하게 평형을 이룬 것은(엔트로피가 최대에 이른 것) 아무리 오래 두어도 맑아지지 않는다. 유용한 외부의 에너지나 물질의 교환이 단절되어 평형을 이룬 것 즉, 죽어서 안정된 것(엔트로피가 최대에 이른 것)은 아무리 흔들어도 살아나지 않는다. 엔트로피 법칙을 몰라도 이런 자연현상을 누구나 다 안다. 불변하는 자연의 원리이기 때문이다. 그러므로 도, 자연의 원리를 아는 사람은 채우려 하지 않고 낡은 것을 덮어서 새롭게 보이게 하려 하지 않는다. 가득 찬 것은 더 채울 수 없고 낡고 해진 것은 덮어서 새롭게 되지 않는다는 그 원리를 알기 때문이다.

노자의 가르침

도가 자연법칙이라는 것을 자연현상의 원리로 펼친다. 혼탁한 것은 아무리 오래 두어도 맑아지지 않고, 죽은 것은 아무리 오래 흔들어도 살아나지 않는다(엔트로피 법칙). 이런 자연의 원리, 도를 아는 사람은 채우려 하지 않고 낡고 오래 된 것을 덮어서 새롭게 하려고 하지 않는다. 가득 찬 것은 더 채울 수 없고 해진 것은 덮는다고 새로워지지 않는다는 것을 알기 때문이다. 노자는 주저하고 망설이는 선비의 모습으로 도는 쉽게 알 수 있는 것이 아니라는 것과 도가 자연법칙이라는 가르침을 펼친다.

이 장의 경구

이 도를 지니고 있는 사람은 채우려 하지 않는다. 대저 오로지 채우지 않는다. 그러므로 (낡은 것을) 덮어서 새롭게 이루려 하지 않는다.

도, 자연법칙을 아는 사람은 채우려 하지 않는다. 무소부재하고 영원히 작동하는 도의 원리로 채워진다는 것을 알기 때문이다. 또 해진 것은 덮어도 새것이 되지 않는다는 것을 알아서 해진 것을 덮어서 새것처럼 보이게 하려 하지 않는다.

제16장

비우기를 지극하게 하면 고요함과 돈독함을 지킬 수 있다

본문

致虛極 守靜篤 萬物並作 吾以觀復 夫物芸芸 各復歸其根 歸根曰靜 是謂復命 復命曰常 知常曰明 不知常妄作凶 知常容 容乃公 公乃王 王乃天 天乃道 道乃久 沒身不殆

직역

비우기를 지극하게 하면 고요함과 돈독함을 지킬 수 있다. 만물이 연이어 일어나면 나는 (만물이) 제자리로 돌아감을 본다. 만물이 두루 자라 각각 그 뿌리로 돌아간다. 그 뿌리로 돌아가는 것을 정(고요함)이라고 하고, 이를 (하늘의) 부름에 돌아감이라 한다. 하늘의 부름에 돌아가는 것을 상(불변의 진리)이라 하고 이 상을 아는 것이 명(현명함)이라 한다. 상을 알지 못하면 망령된 짓을 하여 흉한 일을 겪게 된다. 그러나 상을 알면 이에 포용하게 되고, 포용하면 이에 공평해지고, 공평해지면 이에 왕이 되고, 왕이 되면 이에 하늘이 되고, 하늘이 되면 이에 도가 되고, 도가 되면 오래 간다. (이 도를 따르면) 죽을 때까지 위태롭지 않다.

이 장의 의미

이 장의 내용을 요약하면 이렇다. 마음을 비우기를 지극하게 해서 고요함과 돈독함을 지키면 만물이 일어나 무성하게 되었다가 각자 그 뿌리로 돌아감을 본다. 만물은 전성기를 넘기면 결국 고요한 상태, 죽음에 이르러 그 뿌리인 자연으로 돌아간다. 이것이 상(常), 불변의 진리다. 이 진리를 알면 자연이 순환하는 이치를 깨우칠 수 있고 이를 알지 못하면 망령된 짓을 해서 흉한 일을 겪게 된다. 그러므로 상을 알면 이에 포용하게 되고, 포용하면 이에 공평해지고, 공평해지면 이에 왕이 되고, 왕이 되면 이에 하늘이 되고, 하늘이 되면 이에 도가 되고, 도가 되면 오래 간다. 이 영원한 도, 자연법칙을 따르면 죽을 때까지 위태롭지 않다. 자연의 순환의 원리로 도의 의미와 무위사상을 펼친다.

노자의 가르침

만물이 도, 자연법칙으로 태어나고 자라서 전성기를 누리다가 죽어서 그 뿌리인 자연으로 돌아가는 자연의 이치를 말한다. 인간도 자연이어서 장성하고 노쇠해서 죽으면 자연으로 돌아간다. 이 자연의 원리가 상, 불변의 진리인 도다. 이 상을 알지 못하면 망령된 짓을 하여 흉한 일을 겪게 되지만 이 불변의 진리, 도를 알고 따르면 죽을 때까지 위태롭지 않다는 무위사상을 가르친다.

이 장의 경구

이 도를 따르면 죽을 때까지 위태롭지 않다.

자연인 인간은 영원불변 하는 도, 자연법칙을 따르면 평생 위태롭지 않다.

제17장

가장 좋은 통치자는 백성들이 그가 있다는 것만 알고 있는 통치자다

본문

太上下知有之 其次親而譽之 其次畏之 其次侮之 信不足焉 有不信焉 悠兮其貴言 功成事遂 百姓皆謂我自然

⊛ 직역

가장 좋은 통치자는 백성들이 그가 있다는 것만 알고 있는 통치자다. 그 다음은 (백성들이)가까이 하고 칭찬하는 통치자이고, 그 다음은 두려워하는 통치자이고, 그 다음은 깔보는 통치자다. 믿음이 부족하면 불신이 생긴다. 아득하구나. 그 귀한 말이여. (통치자가) 공을 이루고 일을 완수해도 백성들은 "우리 스스로 그러하다"라고 한다.

이 장의 의미

가장 좋은 통치자는 백성들이 그가 있다는 것만 알고 있는 통치자라고 했다. 그러나 백성들이 통치자가 누구인지 알지 못하기만 해서 좋은 통치자가 될 수 없다. 서로 신뢰가 있어야 한다. 이런 백성들의 신뢰를 받는 통치자는 말을 아껴서 자신이 이룬 업적을 떠들어 자랑하지 않고 백성들이 이룬 것으로 여기게 한다. 그러면 백성들은 그 업적을 모두 "우리 스스로 그렇게 했다"라고 말하면서 자신들의 업적으로 여긴다. 이렇게 자신을 내세우지 않고 백성들의 신뢰를 얻고 백성들의 자긍심을 높여 주는 통치자가 가장 좋은 통치자라는 의미다.

노자의 가르침

가장 좋은 통치자는 자신이 공을 이루어도 대놓고 자랑하지 않아서 백성들이 모두 "우리 스스로 그렇게 했다"라고 하면서 백성들의 자긍심을 갖게 해주고 신뢰를 받는 통치자라는 가르침이다.

이 장의 경구

최고의 통치자는 밑의 백성들이 (통치자가) 있다는 것만 알고 있는 통치자다.

가장 좋은 통치자는 자신의 업적을 떠들어 자랑하지 않아서 백성들이 그가 있다는 것만 알고 믿고 따르는 통치자다.

제18장

대도가 사라지니 인의가 나온다

본문

大道廢有仁義 慧智出有大僞 六親不和有孝慈 國家昏亂有忠臣

직역

대도가 사라지니 인의가 나오고 지혜가 나가니 큰 거짓이 들어서고 육친이 불화하니 효성과 자애가 나오고 국가가 혼란하니 충신이 있다.

이 장의 의미

대도, 인, 의, 효, 자, 충신은 유가의 덕목이다. 노자의 도는 자연법칙이어서 사라지지 않는다. 대도가 사라지니 인의가 나오고 지혜가 나가니 큰 거짓이 들어서고 육친이 화목하지 못하니 효성과 자애가 필요하고 나라가 혼란스러우면 충신이 나와서 나라를 구해야 한다. 인, 의, 효, 자, 충신 같은 덕목이 강조는 가정이나 사회나 국가는 화목하지 못하고 혼란스럽다는 것을 말한다.

노자의 가르침

이 장은 유가의 가르침이다. 노자의 도, 자연법칙은 사라지지 않는다. 노자는 도덕, 인, 의, 효, 자, 충신 같은 것을 말하지 않았다. 이런 유가의 덕목이 강조되는 사회는 안정된 가정 사회, 국가가 아님을 말한다.

이 장의 경구

대도가 사라지니 인과 의가 나오고 지혜가 나가니 큰 거짓이 들어서고 육친이 불화하니 효성과 자애가 나오고 국가가 혼란하니 충신이 있게 된다.

대도, 인, 의, 효, 자, 충 같은 유가의 덕목이 강조되는 사회나 나라는 안정된 나라가 아니다. 유가의 덕목으로는 사회가 좋아지지 않는다.

제19장

성스러움을 끊고 지혜를 버리면 백성들의 이익이 백배가 된다

본문

絶聖棄智 民利百倍 絶仁棄義 民復孝慈 絶巧棄利 盜賊無有 此三者以爲文不足 故令有所屬 見素抱樸 少私寡欲

직역

성스러움을 끊고 지혜를 버리면 백성들의 이로움이 백배로 늘어나고, 어짊을 끊고 의로움을 버리면 백성들의 효성과 자애가 회복되고, 기교를 끊고 이로움을 버리면 도적이 없어진다. 이 세 가지를 글로 말하기는 부족하다. 그러므로 소속이 있도록 해야 한다. 소박함을 드러내고 통나무의 질박함을 품으며 사사로움을 줄이고 욕심을 적게 하는 것에 속하도록 해야 한다.

이 장의 의미

백성들의 이익이 늘어나고, 효성과 자애가 회복되고, 도적이 없어지는 것을 모두 바라는 것이지만 성스러움이니 지혜니 인의니 기교니 이로움이니 하는 것으로는 이루어지지 않는다. 그러므로 이런 작위적인 것을 버리고 자연의 섭리에 맞게 소박함을 보이고 질박함을 품고 사사로움을 줄이고 욕심을 적게 갖는 것으로 해야 바라는 것을 이룰 수 있다는 의미다. 모든 일을 자연의 섭리에 맞게 해야 한다는 것, 무위사상이다.

노자의 가르침

성스러움, 지혜, 인의, 기교 같은 말로 하는 통치는 백성들에게 이롭지도 않고 효성이나 자애가 회복되지도 않으며 도적이 줄어들지도 않는다. 그러므로 이런 작위적인 것을 버리고 소박하고 욕심을 적게 하고 사사로움을 추구하지 않는 자연의 섭리에 맞는 통치 즉, 무위의 통치를 해야 한다는 가르침이다. 노자가 유가에 비판적이라는 관점에서 보면 유가의 덕목인 성스러움, 지혜, 인의, 효자를 버리고 노자의 가르침인 소박함을 품으며 사사로움을 줄이고 욕심을 적게 하는 것으로 백성들의 이로움이 늘어나게 하고 효성과 자애가 회복되게 하고 도적이 없어지게 해야 한다는 가르침으로 이해할 수 있다.

이 장의 경구

소박함을 드러내고 통나무의 질박함을 품으며 사사로움을 줄이고 욕심을 적게 하는 것에 속하도록 해야 한다.

통치자는 작위를 버리고 사사로움을 추구하지 않으며 욕심을 적게 하고 질박한 통나무처럼 자연의 원리, 도에 맞는 무위로 통치해야 백성들에게 이로움이 커지고 효성과 자애가 회복되며 도적이 없어진다.

제20장

배움을 끊으면 근심이 없어진다

본문

絶學無憂 唯之與阿 相去幾何 善之與惡 相去若何 人之所畏 不可不畏 荒兮其未央哉 衆人熙熙 如享太牢 如登春臺 我獨泊兮其未兆 如嬰兒之未孩 儽儽兮若無所歸 衆人皆有餘而我獨若遺 我愚人之心也哉 沌沌兮 俗人昭昭 我獨昏昏 俗人察察 我獨悶悶 澹兮其若海 飂兮若無止 衆人皆有以 而我獨頑似鄙 我獨異於人 而貴食母

ꕥ 직역

배움을 끊으면 근심이 없어진다. "예"와 "응"의 차이가 얼마이며, 선한 것과 악한 것의 차이는 어떠한가? 사람들이 두려워하는 것을 (누구나) 두려워하지 않을 수 없다. 황망하구나. 아직 그 끝을 알지 못하겠구나, 뭇 사람들은 희희낙락 좋은 음식을 먹고 봄 날 누대에 오르듯 즐거워하는

데 나 홀로 멈춰서 아무런 조짐이 없으니 마치 갓난아이가 웃지 않는 것 같구나. 나른하고 고달프구나. 돌아갈 곳이 없는 것 같다. 뭇 사람들은 다 여유가 있는데 나 홀로 버려진 것 같구나. 나 어리석은 사람의 마음은 이와 같구나. 어둡고 어둡구나. 세상 사람들은 밝고 명랑한데 나 홀로 아둔하고, 세상 사람들은 다 똘똘한데 나 홀로 흐리고 멍청하다. 담담하기는 마치 바다 같구나. 세찬 바람이구나. 멈추지 않을 것 같다. 사람들은 다 까닭이 있는데 나 홀로 아둔하고 어리석은 것 같다. 나 홀로 다른 사람들과 달리 나를 먹여주는 어미를 귀하게 여기려 한다.

이 장의 의미

이 긴 독백의 의미는 단순하다. 사람들은 다 삶을 즐기면서 똑똑하고 여유 있게 살고 있는데 자기만 홀로 멈춰서 웃지 않는 갓난아이 같고 고달프고 돌아갈 곳도 없고 황망하기 그지없고 앞길이 보이지 않고 버려진 것 같고 혼돈스럽고 바람에 흔들리고 줏대가 없고 멍청하고 아둔하고 어리석고 중심을 잡지 못하고 살고 있는 것 같다고 여긴다. 그러나 다른 사람들도 마찬가지다. 그 차이가 별 것이 아니다. "예, 그렇습니다"와 "응, 그래"의 차이이다. 남들이 두려워하는 것은 모두 두려워할 수밖에 없다. 인간이 사는 것은 따져 봐야 별로 다를 것이 없으니 자기를 낳아준 어미(도)

를 귀하게 여기고 도를 따라 살려고 한다는 어느 범인의 독백이다.

노자의 가르침

사람들은 남들은 다 자기보다 더 즐기면서 똑똑하게 사는 것 같지만 그 차이가 별 것이 아니다. "예"와 "응"의 차이이다. 그러므로 누구나 도를 따르는 무위의 삶을 살면 된다. 낳아준 어미(도)를 귀하게 여기고 먹여주고 길러준 그 덕을 잊지 않고 살면 된다는 가르침이다.

이 장의 경구

"예"와 "응"의 차이가 얼마이며, 선한 것과 악한 것의 차이는 또 어떠한가? 사람들이 두려워하는 것을 나도 두려워하지 않을 수 없다.

인간의 삶은 따지고 보면 본질적으로 별 차이가 없다. 남들이 두려워하는 것을 나도 두려워할 수밖에 없다. 그러므로 이런 저런 것 따지고 비교하지 말고 자연의 섭리, 도를 따라 자신의 삶을 살면 된다.

제21장

구멍 속에 있는 덕의 모습은 오직 도를 따른다

본문

孔德之容 惟道是從 道之爲物 惟恍惟惚 惚兮恍兮 其中有象 恍兮惚兮 其中有物 窈兮冥兮 其中有精 其精甚眞 其中有信 自古及今 其名不去 以閱衆甫 吾何以知衆甫之狀哉 以此

֎ 직역

구멍 속에 있는 덕의 모습은 오직 도를 따른다. 도라는 것은 오직 황하고 오직 홀하다. 홀하고 황하다. 그 가운데에 형상이 있다. 황하고 홀하다. 그 안에 만물이 있다. 고요하고 깜깜하구나. 그 안에 정, 정수가 있다. 그 정은 심히 참되고 그 안에 믿음이 있다. 예로부터 지금까지 그 이름이 없어지지 않는다. 이런 것으로 만물의 근원을 본다. 나는 어떻게 만물의 근원이 그러한지를 아는가? 이런 이유에서다.

이 장의 의미

덕과 도의 의미를 펼친다.

첫째, 덕이 무엇인지 설명한다. 구멍 속에 있는 덕의 모습은 오직 도를 따른다고 했다. 보이지 않는 덕은 도의 일을하는 것으로 알 수 있다는 의미다. 도가 낳은 것을 덕이 기르는 것(51장)을 보면 덕은 도의 일을 이루는 일을 한다. 그러므로 덕은 도의 일을 이루도록 하는 이로운 행위다.

둘째, 도가 무엇인지 설명한다. 도라는 것은 보이지 않지만 그 안에 정수가 있고 형상이 있고 만물이 있고 원리가 있다. 이 원리, 도는 심히 참되고 그 안에 믿음이 있다. 이 도는 알 수 없고 오직 황홀하게 느껴질 뿐이지만 이 도가 예로부터 지금까지 변함없이 이어지고 있어서 만물의 시초, 근원이 됨을 알 수 있다. 도가 태초에 만물을 창조한 원리, 자연법칙이라는 의미다.

노자의 가르침

숨어 있는 덕의 모습은 오직 도를 따라 도의 일을 하는 것으로 알 수 있다. 도는 황홀하지만 그 안에 만물이 있고 정수가 있고 믿음이 있고 원리가 있고 만물의 근원이 있다. 예로부터 지금까지 변치 않고 이어져오는 만물의 시초, 도가 태초에 천하 만물을 창조한 자연법칙이라는 가르침이다.

이 장의 경구

구멍 속에서 보이지 않는 덕의 모습은 오직 도를 따르는 나온다.

눈으로 볼 수 없는 덕은 도의 일을 하는 것으로 알 수 있다. 덕은 도가 낳은 것을 길러주는 일을 한다(51장). 덕은 도의 일을 이루게 하는 이로운 행위다.

제22장

부드럽게 휘면 온전하게 할 수 있고, 꾸불꾸불하게 굽으면 곧게 펼 수 있다

본문

曲則全 枉則直 窪則盈 敝則新 少則得 多則惑 是以聖人抱一爲天下式 不自見故明 不自是故彰 不自伐故有功 不自矜故長 夫惟不爭 故天下莫能與之爭 古之所謂曲則全者 豈虛言哉 誠全而歸之

⊛ 직역

(부드럽게) 휘어야 온전하게 펼 수 있고, (불규칙하게) 굽으면 곧게 펼 수 있다. 움푹해야 채울 수 있고, 해져야 새롭게 할 수 있고, 적어야 얻을 수 있고, 많으면 헷갈린다. 이런 까닭에 성인은 (이런 이치를) 하나(一)로 품어서, 천하의 전범(도)으로 삼는다. (이 도는) 스스로 드러내지 않아도 밝고, 스스로 옳다고 하지 않아도 빛나고, 스스로 공을 드러내지 않아도 공이 있고, 스스로 뽐내지 않아도 오래 간다. 대저 오로지 다투지 않는다. 그러므로 천하에서 능히 그와 다툴 수

없다. 예로부터 전해오는 소위 부드럽게 휘어야 온전하게 펼 수 있다는 것이 어찌 빈말이겠는가. (지금도) 온전히 이런 이치를 따라 (부드럽게 곡선으로 휘어야) 온전하게 되는 이치로 돌아간다.

이 장의 의미

부드럽게 곡선으로 휘어야 본래의 상태로 온전하게 펼 수 있고 이리저리 불규칙하게 휜 것은 곧게 펼 수 있지만 온전해 지지 않는다. 이에 성인 즉, 노자는 이런 여러 자연현상의 원리를 하나(一)로 묶어서 이를 전범으로 삼는다. 이 전범이 도, 자연법칙이다. 이 도는 스스로 나타내려하지 않아도 밝고, 스스로 옳다고 하지 않아도 빛나고, 스스로 공을 드러내지 않아도 공이 있고, 스스로 뽐내지 않아도 오래 간다. 천하에서 누구도 감히 도와 다툴 수 없다. 도는 스스로 영원히 반복하면서 작용한다는 의미다. 예로부터 전해져 오는 "부드럽게 휘어야 온전하게 할 수 있다"는 이런 이치, 도가 지금도 변함없이 작용한다는 것을 말한다. 도가 자연법칙이라는 의미다.

노자의 가르침

여러 자연현상의 원리를 하나로 묶어서 천하의 전범 즉, 도로 삼았다는 것을 말하고 이 도가 태초로부터 이어져 오면서 지금도 천하 만물을 운행을 관장하는 자연법칙이라는 것을 가르친다.

이 장의 경구

예로부터 전해오는 소위 "휘어야 온전하게 할 수 있다는 것"이 어찌 헛된 말이겠는가. (지금도) 온전히 이런 이치를 따라 (부드럽게 곡선으로 휘어야) 온전하게 되는 것으로 돌아간다.

예로부터 내려오는 자연의 원리, 도는 무소부재하고 영원불변하는 자연법칙이어서 태초부터 지금까지 시간을 초월하여 작동한다.

제23장

말이 적은 것이 자연이다

본문

希言自然 故飄風不終朝 驟雨不終日 孰爲此者 天地 天地尙不能久 而況於人乎 故從事於道者 道者同於道 德者同於德 失者同於失 同於道者 道亦樂得之 同於德者 德亦樂得之 同於失者 失亦樂得之 信不足焉 有不信焉

❀ 직역

말이 적은 것이 자연이다. 그러므로 회오리바람은 아침내내 불지 않고 소나기는 하루 종일 내리지 않는다. 누가 이렇게 하는가? 천지다. 천지도 오히려 오래 가지 않는데 하물며 사람이야 더 할 나위가 있겠는가. 그러므로 도를 따르는 자, 그 도자는 도로 같아지고, 덕이 있는 사람은 덕으로 같아지고, 잃은 자는 그 잃음으로 같아진다. 도로 같아진 사람은 그 도 역시 도를 알아서 즐겁고, 덕으로 같아진 사람은 덕 역시 덕을 알아서 즐겁고 잃음으로 같아진 사람은 그 잃음 역시 잃음을 알아서 즐겁다. (이런 이치에 대한)

믿음이 부족하면 불신이 있게 된다.

이 장의 의미

두 가지 내용을 말한다.

첫째, 자연은 말이 적다는 것이다. 회오리바람이나 소낙비를 보라. 오래 가는가? 하늘이 하는 일도 오래 가지 않으므로 인간은 이런 자연을 본받아 말을 적게 해야 한다는 의미다.

둘째, 도와 덕을 얻어서 즐거움을 얻는 것과 같은 이치로 잃음을 얻는 것의 즐거움과 신뢰의 의미를 말한다. 도를 따르는 자는 도로 같아지고 이 도를 얻어서 즐거워하고, 덕이 있는 사람은 덕으로 같아지고 이 덕을 얻어서 즐거워하고, 잃음으로 같아진 자 역시 잃음을 얻어서 즐거워한다고 했다. 이에 대한 믿음이 부족하면 불신이 생기므로 이런 이치를 믿어야 한다는 의미로 풀이한다. 그러면 이 장의 의미를 이해하기 어렵다. 특히 "잃음으로 같아진 사람은 그 잃음 역시 잃음을 얻어서 즐겁다"는 말을 이해하기 어렵다. 그러므로 이 문장에서 득(得)을 "얻는다"로 풀이하기보다 "안다(앎을 얻는다, 깨닫는다)"로 해석해야 그 의미를 알 수 있다. '득도 한다'거나 '득음 한다'는 '득'은 몸으로 직접 체험해서 얻는 것(體得) 즉, 아는 것, 깨닫는 것이다. 그러면 도를 따르는 도자는 도로 같아지고 이 도로 알아서 즐겁고 덕과 같아진 자는 덕을 알아서 즐겁고 잃음과 같아진 사람은 잃음을 알아서 즐겁다는 의미다. 잃은 사람이 잃은 것을 알아서 즐겁다는 것은 무슨 뜻인가? 그 잃은 것이 무엇인지 알아서 찾을 수 있고 또 더 잃는 것을 막을 수 있어서 즐겁다는 의미다. 이런 이치를 의심하지 말고 믿어야 한다고 했다.

노자의 가르침

자연은 말하지 않는다. 자연은 말이 아닌 자연의 원리로 움직일 뿐이다. 소낙비나 회오리바람이 오래 가지 않는 것처럼 자연인 인간들은 이런 자연처럼 말을 적게 해야 한다. 그러나 노자의 가르침은 말만이 아니다. 도를 알아서 이를 따르고, 덕을 알아서 이를 실천하고, 잃음을 알아서 잃은 것을 찾고 또 더 잃지 않도록 해야 한다는 가르침이다. 이런 이치를 의심하지 말고 믿으라고 했다.

이 장의 경구

말이 적은 것이 자연이다. 그러므로 회오리바람은 아침 내내 불지 않고 소나기는 하루 종일 내리지 않는다.

자연은 도, 자연의 원리로 움직여서 말이 필요 없다. 회오리바람이나 소낙비기 오래가지 않는다. 인간도 자연이므로 이런 자연의 원리를 본 받아 말을 적게 해야 한다. 말이 많으면 궁해져서 실수하기 마련이다(5장).

제24장

발돋움하는 사람은 오래 서 있지 못한다

본문

企者不立 跨者不行 自見者不明 自是者不彰 自伐者無功 自矜者不長 其在道也 曰餘食贅行 物或惡之 故有道者不處

ꕥ 직역

발돋움해서 서는 사람은 (오래) 서 있지 못하고 지나치게 큰 폭으로 걷는 사람은 (오래) 가지 못한다. 스스로 드러내는 사람은 밝지 못하고 자신을 옳다고 하는 사람은 빛나지 않는다. 자신의 공을 떠벌이는 사람은 공이 없고 자신을 뽐내는 자는 오래 가지 못한다. 이를 도의 관점에서 보면 먹다 남은 찬밥에 군더더기다. 이런 것들은 누구나 다 싫어한다. 그러므로 도를 따르는 사람은 이렇게 하지 않는다.

이 장의 의미

발돋움으로 서 있는 것, 너무 큰 보폭으로 걷는 것은 오래 할 수 없다. 자연의 원리에 맞지 않기 때문이다. 또 스스로 드러내는 것, 자신을 옳다고 하는 것, 자신의 공을 떠벌이는 것, 자신을 뽐내는 것 역시 오래 가지 못한다. 이를 도의 관점에서 보면 도에 맞지 않아서 먹다 남은 찬밥에 군더더기 같은 것이다. 도를 따르는 사람은 이렇게 하지 않고 모든 일을 도, 자연의 원리에 맞게 한다.

노자의 가르침

도, 자연의 원리를 벗어나는 방식으로 서 있거나 걸으면 오래 지속할 수 없다. 이런 이치로 보면 자신을 드러내고 자기만이 옳다고 주장하고 자신의 공을 내세우고 자랑하면 도에 맞지 않아서 아무 것도 이룰 수 없다. 도, 자연의 원리에 맞게 해야 원하는 것을 이룰 수 있다는 가르침이다.

이 장의 경구

발돋움해서 서 있는 사람은 (오래) 서 있지 못하고 지나치게 큰 폭으로 걷는 사람은 (오래) 가지 못한다.

자연의 원리, 도에 맞지 않게 서 있거나 걸으면 오래 계속할 수 없다. 도에 맞지 않으면 어떤 것도 제대로 이룰 수 없다.

제25장

뒤섞여 이루어진 것이
천지보다 먼저 있었다

본문

有物混成 先天地生 寂兮寥兮 獨立不改 周行而不殆 可以爲天下母 吾不知其名 字之曰道 强爲之名曰大 大曰逝 逝曰遠 遠曰反 故道大 天大 地大 王亦大 域中有四大而王居一焉 人法地 地法天 天法道 道法自然

❀ 직역

섞여서 이루어진 것이 천지보다 먼저 있었다. 적막하고 쓸쓸하구나. 홀로 서 있으나 바뀌지 않는다. 두루 운행하지만 위태롭지 않다. 이런 까닭에 천하의 어미가 된다. 나는 그 (어미의) 이름을 알지 못한다. 자(字)를 도라고 짓고 억지로 이름을 대(大)라고 한다. 대는 가는 것이고, 가는 것은 멀어지는 것이고, 멀어지는 것은 되돌아오는 것이다. 그러므로 도는 크다. 하늘도 크고 땅도 크고 왕도 크다. 이 세상에 큰 것이 네 가지 있는데 왕이 그 중 하나를 차지하고 있다. 사람은 땅을 법으로 삼고, 땅은 하늘을 법으로 삼고, 하늘은 도를 법으로 삼고, 도는 스스로 그러함(자연)을 법으로 삼고 따른다.

이 장의 의미

이 장은 도가 자연법칙이고 인간은 땅과 하늘처럼 도, 자연법칙을 따라야 하는 자연임을 말한다. 천지만물이 나오기 전 태초에 혼돈상태에서 불변하는 원리가 천지만물을 낳았고 천하의 어미가 되었다. 그 어미의 이름이 없어서 자(字)를 도라고 하고 그 이름을 크다(大)로 했다. 천하에 큰 것이 네 가지가 있다. 왕(사람), 땅, 하늘 그리고 도다. 사람은 땅을 법으로 삼고, 땅은 하늘을 법으로 삼고, 하늘은 도를 법으로 삼고, 도는 스스로 그러함의 원리인 자연의 원리를 법으로 삼고 이를 따른다. 이 스스로 그러함의 원리인 도는 사람, 땅, 하늘을 창조하고 이를 다스리는 자연의 원리, 자연법칙이다. 그리고 사람은 땅, 하늘과 마찬가지로 도, 자연의 원리를 따라야하는 자연이다. 도는 자연법칙이고 인간은 자연이다.

노자의 가르침

노자는 도가 천하 만물의 운행을 관장하는 자연법칙이고 인간도 천하 만물이 따르는 도를 따라야 하는 존재, 자연이라는 것을 가르친다.

이 장의 경구

사람은 땅을 법으로 삼고, 땅은 하늘을 법으로 삼고, 하늘은 도를 법으로 삼고, 도는 자연을 법으로 삼는다.

사람은 땅을, 땅은 하늘을, 하늘은 도를 따르지만 도는 다른 무엇을 따를 것이 없고 도 스스로의 원리인 자연의 원리를 따른다. 사람은 땅과 하늘과 마찬가지로 자연의 원리, 도를 따라야 하는 자연이다.

제26장

무거운 것은 가벼운 것의 뿌리이고 조용함은 시끄러움의 임금이다

본문

重爲輕根 靜爲躁君 是以聖人終日行 不離輜重 雖有榮觀 燕處超然 奈何萬乘之主而以身輕天下 輕則失本 躁則失君

직역

무거움은 가벼움의 근본이고 조용함은 조급함의 임금이다. 이런 까닭에 성인은 하루 종일 다녀도 수레를 떠나지 않는다. 비록 화려한 볼거리가 있어도 편안함으로 초연하다. 어찌 천하의 군주가 천하에 그 몸을 가볍게 보일 수 있겠는가? 가벼우면 근본을 잃고, 조급하면 군주의 지위를 잃는다.

이 장의 의미

노자는 무거움은 가벼운 것의 근본이어서 무거움으로

가벼움을 다스려서 무거움을 유지해야 하고 조용한 것은 조급함의 임금이어서 조급함을 다스려서 조용함을 유지해야 한다는 것을 말한다. 그리고 성인은 하루 종일 다녀도 수레에서 내리지 않고 볼거리가 있어도 기웃거리지 않아서 중후함을 잃지 않는다. 성인을 통한 노자의 가르침은 통치자는 이를 본받아 중후함과 조용함으로 백성들을 다스리라는 것이다. 백성들을 다스리는 군주는 가벼우면 군주의 근본을 잃고 조급하면 군주의 지위를 잃는다.

노자의 가르침

군주가 가볍고 조급하게 처신하면 천박하게 보이는 것은 물론 그 지위를 잃는다. 통치자는 중후함으로 권위를 갖추고 조용함으로 백성들을 다스리라는 가르침이다.

이 장의 경구

가벼우면 근본을 잃고, 조급하면 군주의 지위를 잃는다.

처신이 가벼우면 밑천이 드러나고 성질이 조급하면 군주의 자리를 잃는다.

제27장

잘 가면 흔적을 남기지 않는다

본문

善行無轍迹 善言無瑕謫 善數不用籌策 善閉無關鍵而不可開 善結無繩約 而不可解 是以聖人 常善救人故無棄人 常善救物 故無棄物 是謂襲明 故善人者 不善人之師 不善人者 善人之資 不貴其師 不愛其資 雖智大迷 是謂要妙

직역

잘 가면 바퀴자국을 남기지 않고, 잘하는 말은 흠잡을 데가 없고, 잘 세면 산가지를 쓰지 않아도 되고, 잘 닫으면 빗장과 자물쇠로 더 걸지 않아도 열 수 없고, 잘 묶으면 노끈으로 더 묶지 않아도 풀 수 없다. 그런 까닭에 성인은 사람을 잘 도와서 사람을 버리는 일이 없고, 항상 물건을 잘 고쳐서 버리는 물건이 없다. 이를 일러 습명이라 한다. 그러므로 선한 사람은 선하지 못한 사람의 스승이 되고, 선하지 못한 사람은 선한 사람의 자원이 된다. 그 스승을 귀하게 여기지 않고 그 자원을 사랑하지 않으면 비록 지혜롭다 할지라도 크게 미혹된다. 이를 요묘라 한다.

이 장의 의미

"습명"과 "요묘"의 가르침을 펼친다. 잘 가면 자국을 남기지 않고, 말을 신중하게 하면 흠 잡히지 않고, 셈을 잘하면 계산기를 쓰지 않아도 된다. 잘 닫으면 더 잠그지 않아도 열 수 없고 잘 묶으면 더 묶지 않아도 풀 수 없다. 무슨 일이든지 원리에 맞게 하면 완벽하게 작용한다는 의미다. 그러므로 성인을 통한 노자의 가르침은 사람이나 물건이 좀 부족한 점이 있어도 이를 버리지 않고 가르치고 고쳐서 쓴다. 이것이 전부터 이어져오는 지혜, 습명이다. 선한 사람은 선하지 못한 사람의 스승으로 쓰고 선하지 못한 사람은 선한 사람의 자원으로 쓰라는 것이다. 그러므로 이런 스승이나 자원이 되는 사람을 모두 귀하고 소중하게 쓰여서 이로움을 얻는다. 이것이 사람을 구해 쓰는 묘, 원하는 것을 얻는 것의 묘, 요묘다. 장점만 있는 사람도 없고 단점만 있는 사람도 없다. 장점을 살리고 단점을 고쳐서 두루 쓰는 습명과 요묘의 지혜를 따르면 버릴 사람, 버릴 물건이 없다.

노자의 가르침

무슨 일이든지 원리에 맞게 하면 완벽하게 할 수 있고 좀 부족한 것도 고치면 필요한 곳에서 잘 쓸 수 있다. 단점이 있는 사람도 이를 고쳐서 쓰고 흠이 있는 물건도 고쳐서 쓰면 버릴 사람, 버릴 물건이 없다. 이것이 전부터 이어져 오는 현명한 지혜, 습명과 사람을 구해 쓰는 묘, 요묘라는 노자의 가르침이다.

이 장의 경구

그러므로 선한 사람은 선하지 못한 사람의 스승이 되고, 선하지 못한 사람은 선한 사람의 자원이 된다.

장점만 있는 사람도 없고 단점만 있는 사람도 없다. 선한 사람이나 선하지 않은 사람도 장점을 살리고 단점을 고쳐서 적재적소에 쓰는 지혜를 갖추어야 한다.

제28장

수컷을 알고 암컷을 지키면 천하의 시내가 된다

본문

知其雄 守其雌 爲天下谿 爲天下谿 常德不離 復歸於嬰兒 知其白 守其黑 爲天下式 爲天下式 常德不忒 復歸於無極 知其榮 守其辱 爲天下谷 爲天下谷 常德乃足 復歸於樸 樸散則爲器 聖人用之 則爲官長 故大制不割

㊇ 직역

수컷을 알고 암컷을 지키면 천하의 골짜기의 시내가 된다. (이렇게) 천하의 골짜기의 시내가 되면 상덕(변치 않는 덕)이 떠나지 않아 갓난아이로 되돌아간다. 흰 것을 알고 검은 것을 지키면 천하의 모범이 된다. (이렇게) 천하의 모범이 되면 상덕이 어긋나지 않아 무극으로 돌아간다. 영화를 알고 욕됨을 지키면 천하의 골짜기가 된다. (이렇게) 천하의 골짜기가 되면 상덕이 넉넉하게 되어 통나무로 되돌아간다. 통나무를 쪼개서 그릇을 만든다. 성인은 통나무를 (그대로) 써서 관의 우두머리를 만든다. 그러므로 훌륭한 제도는 쪼개지 않는다.

이 장의 의미

수컷과 암컷, 흰 것과 검은 것, 영화와 굴욕이 각각 조화를 이루면 다 덕(상덕)이 작용해서 무위, 무극의 경지에 이르고 자연인 통나무로 돌아간다는 것으로 무위사상을 펼친다.

첫째, 수컷의 강함을 알고 암컷의 연약함을 지키면 물이 흐르는 천하의 골짜기가 되고 상덕이 떠나지 않아 갓난아이 상태로 되돌아간다고 했다. 무슨 뜻인가? 강한 수컷, 연약한 암컷은 대결이 아닌 조화, 화합의 상징이다. 그러므로 강한 수컷이 연약한 암컷을 지켜서 조화를 이루면 갓난아이의 상태와 같아진다. 갓난아이는 자의로 행동하지 않고 오직 생리적인 원리에 의해 움직이는 무위의 상징이다. 암, 수의 조화, 강함과 약함의 조화로 상덕이 떠나지 않아서 무위에 이른다는 의미다.

둘째, 흰 것(깨끗함)을 알고 검은 것(더러운 것)을 지키면 천하의 모범이 되고 상덕이 변치 않아 무극으로 되돌아간다고 했다. 무슨 뜻인가? 깨끗한 것이 더러운 것을 받아들여 조화를 이루면 상덕이 어긋나지 않아 천하의 모범이 되어 무극에 이른다는 의미다. 무극의 경지는 도, 자연의 원리만이 존재하는 상태다.

셋째, 영화를 알고 굴욕을 지키면 천하의 골짜기가 되고 상덕이 넉넉해져서 통나무로 되돌아간다고 했다. 무슨 뜻인가? 영화가 굴욕을 포용해서 조화를 이루면 상덕이 넉넉해져서 통나무의 상태가 된다는 의미다. 자연 상태인 통나무는 원하는 것으로 만드는 재료가 된다. 사람들은 통나무를 쪼개서 이런 저런 그릇으로 만들어 쓰지만 성인은 통나무를 쪼개지 않고 큰 그릇을 만들어 쓴다. 성인을 통한 노자의 가르침은 훌륭한 제도는 세세하게 나누지 말고 상반되는 것이 조화를 이루는 상덕의 큰 틀에서 운용해야 한다는 것이다. 변치 않는 덕, 상덕으로 다스리라는 의미다.

노자의 가르침

암컷과 수컷의 조화로 갓난아이의 상태인 무위, 깨끗함과 더러움의 조화로 태초의 상태인 무극, 영화와 굴욕의 조화로 통나무와 같은 자연의 상태에 이르는 것으로 무위와 상덕의 의미를 펼친다. 힘이 있고 깨끗하고 영화로운 것이 힘이 없고 더럽고 욕된 것을 받아들여 조화를 이루어서 무위를 행하고 자연의 상태인 통나무로 큰 그릇을 만들어 쓰듯이 이로움을 만들어야 한다. 법이나 제도도 마찬가지다. 잘게 쪼개지 말고 도와 상덕으로 다스림을 펼쳐야 한다는 의미다.

이 장의 경구

통나무를 쪼개서 그릇을 만든다. 성인은 통나무를 써서 백관의 우두머리를 만든다. 그러므로 훌륭한 제도는 쪼개지 않는다.

좋은 재목도 잘게 쪼개면 잡목이 된다. 좋은 재목은 쪼개지 않고 써야 좋은 것을 만들 수 있고 재목의 가치가 있다. 세상의 법이나 제도도 세세하게 만들지 않는 것이 좋다. 그래봐야 백성들의 삶을 옥죄고 범법자가 많아질 뿐 사회가 더 좋아지지 않는다. 법이나 제도도 세세하게 만들지 말고 변하지 않는 상덕의 큰 틀 안에서 운영하는 것이 좋다.

제29장

천하를 취하려고 하지만 나는 그것이 이루어질 수 없음을 안다

본문

將欲取天下而爲之 吾見其不得已 天下神器 不可爲也 爲者敗之 執者失之 故物或行或隨 或歔或吹 或强或羸 或挫或隳 是以聖人 去甚去奢去泰

❀ 직역

천하를 취하겠다는 욕심으로 이를 이루려고 한다. 나는 그 것이 이루질 수 없음을 안다. 천하는 신령한 기물이어서 그렇게 할 수 없다. (그렇게) 하려는 자는 실패할 것이고 잡으려는 자는 놓칠 것이다. 그러므로 세상의 일은 혹 앞서 가기도 하고 뒤 따르기도 하고, 혹 숨을 살살 내쉬기도 하고 세게 내쉬기도 하고, 혹 강하게도 하고 약하게도 하고, 혹 부러지기도 하고 무너지기도 한다. 그런 까닭에 성인은 지나친 것을 버리고 사치를 멀리하며 큰 것을 버린다.

이 장의 의미

천하는 보이지 않는 도, 자연의 원리로 움직이는 신령한 기물이어서 인간이 맘대로 부릴 수 없다. 천하를 취하려고 해도 실패하고 잡으려 해도 놓친다. 세상의 일은 혹 앞서기도 하고 뒤따라가기도 하고, 혹은 숨을 부드럽게 내쉬기도 하고 세게 내쉬기도 하고, 혹 강하게도 하고 약하게도 하고, 혹 부러지기도 하고 무너지기도 한다. 이런 이치를 아는 성인을 통한 노자의 가르침은 작위적인 지나친 것, 사치한 것, 큰 것을 추구하지 않아야 한다는 것이다.

노자의 가르침

천하는 도, 자연법칙으로 움직여서 인간은 이를 거스를 수 없다. 도에 반하고 작위적인 지나친 것, 사치한 것, 큰 것을 버리고 오직 도, 자연의 섭리를 따르는 무위를 행해야 실패하지 않고 잃지 않는다. 지나친 것, 사치한 것, 큰것은 유위여서 이를 버리고 무위를 행해야 한다는 가르침이다.

이 장의 경구

그런 까닭에 성인은 지나친 것을 버리고 사치를 멀리 하며 큰 것을 버린다.

지나친 것, 사치한 것, 큰 것은 모두 유위의 산물이어서 버려야 한다.

제30장

도로 군주를 보좌하는 사람은 무력으로 천하에 강함을 드러내지 않는다

본문

以道佐人主者 不以兵强天下 其事好還 師之所處 荊棘生焉 大軍之後 必有凶年 善者果而已 不敢以取强 果而勿矜 果而勿伐 果而勿驕 果而不得已 果而勿强 物壯則老 是謂不道 不道早已

❀ 직역

도로 군주를 보좌하는 사람은 무력으로 천하를 강하게 다루지 않는다. 그런 일은 늘 되돌아온다. 군사가 머물던 곳에는 가시덤불이 자라고 큰 전쟁을 치른 후에는 반드시 흉년이 든다. 훌륭한 사람은 전과를 냈으면 멈추고 감히 강한 태도를 취하지 않는다. 전과를 냈어도 자랑하지 않고, 전과를 이루었어도 그 공을 내세우지 않으며, 전과를 냈어도 교만하지 않고, 전과를 냈어도 어쩔 수없이 된 것이라고 여기고, 전과를 냈어도 강한 태도를 취하지 않는다. 사물은 (일찍)성하면 (빨리)늙는다. 이를 도가 아니라 한다. 도가 아닌 것은 일찍 끝난다.

이 장의 의미

전쟁을 하면 이겨도 큰 대가를 치른다. 인명 손실과 재산 피해가 나오고 국고가 탕진되고 전답은 황폐해지고 흉년이 들어서 백성들은 큰 고통을 겪는다. 전쟁은 한 번에 끝나지 않아서 피해가 반복된다. 승리해서 전과를 냈어도 강함을 보이지 말아야 한다. 전과를 냈어도 자랑 하지 말고 공을 내세우지 말고 운이 좋아서 이긴 것으로 여기고 교만하지 말고 강한 태도를 취하지 않아야 한다. 강함을 자랑해봐야 오래 가지 못한다. 일찍 성한 것은 일찍 끝난다. 일찍 끝나는 것은 도가 아니다. 노자는 도는 일찍 끝나는 것이 아니라는 말로 반전사상을 펼치면서 도가 변치 않는 자연의 원리, 자연법칙임을 간접적으로 밝히고 있다.

노자의 가르침

전쟁은 재앙이다. 전쟁을 하면 이겨도 큰 대가를 치른다. 그러므로 이겨도 전과를 자랑할 것이 못된다. 강함을 자랑하지 말아야 한다. 일찍 강하고 성하면 일찍 쇠퇴한다. 일찍 끝나는 것은 도가 아니라고 했다. 노자의 반전사상의 기반은 전쟁은 도가 아니라는 것이다. 자연법칙의 도는 일찍 끝나는 것이 아니고 영원히 작동한다는 것을 간접적으로 펼치고 있다. 그리고 전쟁은 큰 재앙을 불러와서 하지 말아야 한다는 반전사상을 펼친다.

이 장의 경구

잘 해서 전과를 냈으면 멈추고 감히 강한 태도를 취하지 않아야 한다. 사물은 성하면 늙는다. 이를 도가 아닌 것이라 한다. 도가 아닌 것은 일찍 끝난다.

전쟁을 하면 승리해야 하지만 이겼다고 자만하지 말아야 한다. 전과를 냈어도 운이 좋아서 된 것일 수도 있으므로 자랑하지 말고, 공을 내세우지 말고, 교만하지 말고, 강한 태도를 취하지 않아야 한다. 일찍 강하고 성한 것은 일찍 끝나고 일찍 끝나는 것은 도가 아니다.

제31장

무릇 훌륭한 병기는 상서롭지 못한 기물이어서 다 싫어한다

본문

夫佳兵者 不祥之器 物或惡之 故有道者不處 君子居則貴左 用兵則貴右 兵者不詳之器 非君子之器 不得已而用之 恬淡爲上 勝而不美 而美之者 是樂殺人 夫樂殺人者 則不可以得志於天下矣 吉事尙左 凶事尙右 偏將軍居左 上將軍居右 言以喪禮處之 殺人之衆 以哀悲泣之 戰勝以喪禮處之

ꕥ 직역

무릇 훌륭한 병기는 상서롭지 못한 기물이어서 사람들이 다 싫어한다. 그러므로 도를 따르는 사람은 이것에 머물지 않는다. 군자는 왼쪽을 귀하게 여기고 용병에서는 오른쪽을 귀하게 여긴다. 병기는 상서롭지 못한 기물이어서 군자의 기물이 아니다. 어쩔 수 없이 병기를 쓴다면 담담한 마음으로 하는 것이 가장 좋다. 승리해도 이를 미화하지 말아야 한다. 이를 미화하는 자는 살인을 즐기는 것이다. 대저 살인을 즐기는 자는 천하에 뜻을 이룰 수 없다. 좋은 일에는 왼쪽을 높이고 흉한 일에는 오른쪽을 높인다. 편장군은 왼쪽에 자리 잡고 상장군은 오른 쪽에 자리 잡는다. 이는 상례에 따른 다는 말이다. 많은 사람이 죽인 무리는 슬픔과 비통함과 눈물로 치러야 한다. 전쟁에서 이기면 상례로 치러야 한다.

이 장의 의미

노자의 반전사상, 전쟁관을 보여준다. 병기는 상서롭지 못하고 사람들이 싫어하는 기물이고 전쟁에서 이겨도 이를 미화하지 말고 축하연을 열지 말고 상례로 치러야 한다고 했다. 전쟁에서 승리는 적군을 죽이고 아군의 희생위에 이루어진 피의 대가여서 승리했어도 죽은 자들을 먼저 기억하고 눈물을 흘리며 상례로 치러야 한다는 반전사상을 펼친다. 노자의 애민사상이 반전사상을 이룬다.

노자의 가르침

전쟁의 승리는 피의 대가다. 그러므로 전쟁에서 승리해도 전몰자를 생각하면서 상례로 치러야 한다고 했다. 노자의 반전사상은 애민사상이 기반이다.

이 장의 경구

전쟁에서 이기면 상례로 치러야 한다.

전쟁의 승리는 피의 대가다. 희생자들을 먼저 생각하고 기리는 것이 정도다.

* 공산주의 국가에서는 전승일을 기념하고 민주주의 국가에서는 현충일을 기린다. 민주국가가 노자의 애민사상과 인도주의, 인간중심 사상에 부합한다.

제32장

도는 항상 이름이 없다

본문

道常無名 樸雖小 天下莫能臣也 侯王若能守之 萬物將自賓 天地相合 以降甘露 民莫之令而自均 始制有名 名亦旣有 夫亦將知止 知止可以不殆 譬道之在天下 猶川谷之於江海

직역

도는 항상 이름이 없다. 통나무가 비록 작지만 천하가 신하로 삼을 수 없다. 만약 제후나 왕이 이를 지킨다면 만물이 장차 저절로 손님이 되고 하늘과 땅이 서로 교합하여 단 이슬이 내리고 백성들은 명령하지 않아도 저절로 고르게 될 것이다. 제도를 처음 시작하면 이름을 짓는다. 이름 역시 이미 있으면 대저 역시 (더 짓기를) 멈출 줄 알아야 한다. 멈출 줄 알면 위태롭지 않다. 비유하자면 도가 천하에 있다는 것은 마치 (이름이 없는) 시내와 계곡의 물이 강이나 바다에 흘러드는 것과 같다.

이 장의 의미

이 장의 내용은 네 가지다.

첫째, 도는 항상 이름이 없다는 것이다. 자연법칙의 도는 자신의 원리로 작동한다. 도는 말하지 않아도 잘 응하고 소리쳐 부르지 않아도 스스로 오고 느긋하지만 잘 도모한다(73장). 그러므로 도는 이름이 없어도 되고 통나무라고 해도 된다. 보잘 것 없는 통나무라고 해도 아무도 이를 신하로 부릴 수 없다.

둘째, 하늘과 땅과 왕과 제후가 도를 따르면 만물이 스스로 따르고 하늘과 땅이 서로 교합해서 단 이슬이 내리고 백성들은 저절로 고르게 된다고 했다. 왜 그런가? 도가 자연법칙, 섭리이기 때문이다.

셋째, 처음 제도를 만들 때 이름을 짓지만 이미 있는 것으로도 충분해서 더 만들지 말아야 한다는 것이다. 왜 그런가? 법이나 제도가 많고 자세하면 도적이 많아진다(57장). 그러므로 새로운 제도를 만들지 말고 도로 다스리면 되기 때문이다.

넷째, 물로 펼치는 도의 의미다. "비유하자면 도가 있다는 것은 이름이 없는 시내와 골짜기의 물이 강과 바다에 이르는 것과 같다"고 했다. 도는 시내와 골짜기의 물이 낮은 곳으로 흘러 강이나 바다로 흘러가게 하는 자연의 원리와 같은 것이라는 의미다. 그 자연의 원리는 중력이다. 도는 중력 같은 자연법칙이라는 의미다. 노자는 의인화한 물의 흐름으로 도에 가까운 도를 말했고(8장) 이 장에서는 자연인 시내와 골짜기의 물이 낮은 곳으로 흘러 강과 바다에 이르게 하는 자연의 원리, 중력이 진정한 도, 자연법칙이라는 것을 말한다.

노자의 가르침

도는 불러서 시키지 않아도 스스로의 원리로 작용해서 이름이 필요 없다. 도를 무명의 통나무라고 해도 천지만물을 다스리면서 하지 못할 것이 없다. 제도나 법도 새로 만들지 말고 도로 다스리면 된다는 의미다. 이 도는 작은 시내와 골짜기의 물의 아래로 흐르게 하는 자연의 원리인 중력, 자연법칙임을 말했다. 그러므로 제도를 더 만들지 말고 이 도로 다스리면 된다는 무위사상을 가르친다.

이 장의 경구

도는 항상 이름이 없다.

자연법칙의 도는 언제나 스스로의 원리로 작동해서 부를 이름이 필요 없다.

제33장

남을 아는 사람은 지혜롭고 자신을 아는 자는 현명하다

본문

知人者智 自知者明 勝人者有力 自勝者强 知足者富 强行者有志 不失其所者久 死而不忘者壽

직역

남을 아는 사람은 지혜롭고, 자신을 아는 사람은 현명하다. 남을 이기는 자는 힘이 있고 자신을 이기는 자는 강하다. 만족함을 아는 사람은 부유하고 힘써 행하는 사람은 의지가 있다. 제 자리를 잃지 않는 자는 오래 가고, 죽어서 잊혀지지 않는 사람은 오래 산다.

이 장의 의미

남을 아는 것은 지혜로운 것이지만 자신을 아는 것은 현명한 것이고 남을 이기는 자는 힘이 있지만 자신을 이기는 사람은 강하다. 만족함을 아는 사람이 진정한 부자이고 힘써 행하는 사람은 의지가 있는 사람이다. 제 자리를 오래 지키는 것이 오래 사는 것이지만 죽어서 기억되고 칭송받는 사람이 진정으로 오래 사는 것이다.

노자의 가르침

자신을 아는 현명함, 자신을 이기는 강함, 만족함을 아는 부유함 그리고 자신의 자리를 잃지 않는 사람이 오래 사는 것이다. 그러나 진정으로 장수하는 사람은 죽어서도 뭇 사람들의 칭송을 받는 사람이라는 가르침이다.

이 장의 경구

죽어서 잊혀 지지 않는 사람이 오래 사는 것이다.

죽지 않고 오래 사는 것도 장수하는 것이지만 죽어서도 늘 기억되고 칭송을 받는 사람이 진정으로 장수하는 사람이다.

제34장

큰 도는 넘쳐흘러서 어느 곳에도 갈 수 있다

본문

大道汎兮 其可左右 萬物恃之而生而不辭 功成不名有 衣養萬物而不爲主 常無欲 可名於小 萬物歸焉而不爲主 可名爲大 以其終不自爲大 故能成其大

직역

큰 도는 떠다녀서 좌, 우 어느 곳에도 간다. 만물이 대도에 의지하여 살아가지만 말로 떠들지 않는다. 공을 이루어도 명성을 차지하지 않는다. 만물을 입혀 주고 먹여 주어도 주인행세를 하지 않는다. 항상 욕심이 없어서 작다고 이를 만 하다. 만물이 돌아와도 주인노릇 하지 않으니 큰 것이라고 할 만 하다. 끝까지 자신을 크게 하려 하지 않아서 능히 크게 이룬다.

이 장의 의미

대도는 무소부재하다. 천지만물이 대도에 의지하여 살아가지만 대도는 이를 자랑하지 않는다. 공을 이루어도 명성을 차지하지 않아서 작기도 하다. 만물을 입혀주고 먹여주고 만물이 그에게 돌아와도 주인 노릇을 하지 않아서 크기도 하다. 끝까지 자신을 크게 하려고 하지 않아서 능히 큰 것을 이룬다. 대도는 언제나 스스로의 원리로 일을 해서 모든 것을 이루는 자연법칙이다.

노자의 가르침

대도는 무소부재하다. 형상이 없다. 작아 보이기도 하고 커 보이기도 하지만 큰 것을 이루는 능력이 있다. 천지만물을 낳고 그 운행을 관장하지만 주인노릇을 하지 않고 자신을 크게 하려고 하지 않지만 항상 스스로의 원리로 다 이룬다. 대도는 무소부재, 전지전능한 자연법칙이라는 가르침이다.

이 장의 경구

공을 이루어도 명성을 차지하지 않는다. 만물을 입혀주고 먹여 주어도 주인 행세를 하지 않는다.

대도는 공을 이루지만 그 명성을 차지하지 않고 만물을 보살펴 주어도 주인행세를 하지 않는다. 대도는 스스로 작용하고 모든 것을 이루는 자연법칙이다.

제35장

큰 형상을 잡고 천하에 나가면 어디를 가도 해를 입지 않고 안전하고 평안하고 태평하다

본문

執大象 天下往 往而不害 安平太 樂與餌 過客止 道之出口 淡乎其無味 視之不足見 聽之不足聞 用之不足旣

⊛ 직역

대상을 잡고 세상에 나가면 어디를 가도 해를 입지 않고 안전하고 평화롭고 태평하다. 풍악과 음식은 지나가는 나그네를 멈추게 하지만 말로 표현되는 도는 묽어서 아무 맛이 없다. (도는) 보아도 잘 보이지 않고 들어도 잘 들리지 않으며 써도 모자라지 않는다.

이 장의 의미

도를 잘 지키면 어디서 무엇을 해도 해를 입지 않고 안전하고 평안하다. 그러나 이 도는 사람들의 관심을 끌지 못한다. 말로 전하는 도는 매력이 없기 때문이다. 그러나 이 도는 잘 보이지 않고 잘 들리지 않고 아무리 써도 모자라지 않는 영원불변의 자연법칙이어서 이 도를 따르면 언제나 안전하고 태평하다.

노자의 가르침

노자의 도는 보이지도 않고 들리지도 않고 아무리 써도 모자라지 않고 영원히 반복하면서 작동하는 자연법칙이다. 이 도를 지키면 어디를 가도 해를 입지 않고 안전하고 편안하고 태평하게 된다는 무위사상을 가르친다.

이 장의 경구

풍악과 음식은 지나가는 나그네를 멈추게 하지만 말로 표현되는 도는 묽어서 아무 맛이 없다.

사람들은 보기 좋고 듣기 좋고 맛있는 감각적이고 현실

적인 것을 쫓는다. 그래서 말로 전하는 도는 아무 매력이 없어서 사람들의 관심을 끌지 못한다.

제36장

장차 접고 싶으면 먼저 펴 주어야 하고
장차 약하게 하려면
먼저 강하게 해 주어야 한다

본문

將欲歙之 必固張之 將欲弱之 必固强之 將欲廢之 必固興之 將欲奪之 必固與之 是謂微明 柔弱勝剛强 漁不可脫於淵 國之利器 不可以示人

직역

장차 접고 싶으면 반드시 펴 주어야 하고, 장차 약하게 하려면 반드시 강하게 해 주어야 하고, 장차 망하게 하려면 반드시 흥하게 해 주어야 하고, 장차 빼앗고 싶으면 반드시 주어야 한다. 이런 이치를 미명(微明)이라 한다. 부드럽고 약한 것이 굳고 강한 것을 이긴다. 물고기는 연못을 벗어날 수 없다. (이런 이치로 통치자는) 나라의 이기를 백성들에게 내보이지 말아야 한다.

이 장의 의미

일을 이루려면 전제 조건을 충족시켜야 한다. 이렇게 조건을 맞추어서 원하는 것을 얻는 원리가 미명, 미묘한 현명함, 지혜다. 펴진 것이라야 접을 수 있다. 강해야 약하게 할 수 있다. 흥한 것이라야 망하게 할 수 있다. 남이 갖고 있어야 빼앗을 수 있다. "장차 빼앗고 싶으면 반드시 주어야 한다"는 것을 미명의 이치로 보면 무조건 뺏는 것이 아니라 먼저 주고 준 것만큼 또는 준 것보다 더 많거나 적은 것을 '주고받는(Give and Take)' 것이 둘 다 사는 길이다. "장차 약하게 하려면 반드시 강하게 해 주어야 한다"는 것을 미명의 원리로 보면 약자가 강해지는 것이 아니라 더 부드럽고 약해지면 강자도 부드러워져서 약자를 해치지 않는다. 이것이 약한 것이 강한 것으로부터 살아남는 미명의 원리다. 물고기는 물을 떠나 살 수 없다. 불변의 진리다. 이런 이치와 마찬가지로 통치자는 나라에 이로운 것이나 통치자의 이익만 앞세우지 말고 백성들을 부드러움과 배려의 덕으로 통치해서 그 이로움이 백성들에게 돌아가게 해야 한다. 이것이 미명의 통치다.

노자의 가르침

자연의 이치에 맞춰서 원하는 것을 이루는 미명의 원리, 지혜를 가르친다. 약자가 강자와 대결하면 약자가 피해를 입는다. 그러므로 약자가 강자를 만나면 강한 것 처럼 허세를 부리지 말고 더 약한 모습을 보여주어서 강자와 충돌을 피하는 것이 사는 길, 미명의 길이다. 통치자는 백성들을 강압으로 통치해서 통치자의 이익, 나라의 이익만 추구하지 말고 부드러운 통치로 백성들의 이로움을 주는 미명의 통치를 해야 한다는 가르침을 물고기의 예로 펼친다.

이 장의 경구

부드럽고 약한 것이 굳고 강한 것을 이긴다. 물고기는 연못을 벗어날 수 없다. (통치자는) 나라의 이기를 백성들에게 내보이지 말아야 한다.

부드럽고 약한 통치가 굳고 강압적인 통치보다 좋다. 물고기는 물을 떠나 살 수 없는 원리를 본받아 통치자는 나라에 이로움, 통치자의 이로움보다 백성들에게 이로움을 주는 통치를 하는 것이 정도다.

제37장

도는 항상 무위를 행해서 이루지 못할 것이 없다

본문

道常無爲而無不爲 侯王若能守之 萬物將自化 化而欲作 吾將鎭之以無名之樸 無名之樸 夫亦將無欲 不欲以靜 天下將自定

직역

도는 항상 무위를 행해서 이루지 못할 것이 없다. 제후와 왕이 능히 이를 지킨다면 만물이 스스로 변화할 것이다. 스스로 변화하면서 욕심이 일어나면 나는 이름 없는 통나무로 이를 진정시킬 것이다. 이름 없는 통나무로 오로지 역시 장차 하고자 하는 욕심을 없앨 것이다. 욕심을 내지 않음으로써 고요함을 이루면 천하가 저절로 안정될 것이다.

이 장의 의미

도, 자연의 원리를 따라 무위를 행하면 이루지 못할 것이 없다. 왕이나 제후도 무위로 통치하면 만물이 본연의 모습으로 변화할 것이다. 그러나 무위를 행하지 않고 다른 길로 가려고 하면 노자는 이름 없는 통나무로 이런 욕심을 진정시켜 고요한 상태를 유지하도록 해서 온 세상을 안정되게 할 것이라고 했다. 제후나 왕이라도 무위를 행하지 않으면 통나무 즉, 자연의 원리인 도로 깨우쳐서 온 세상을 안정시킬 것이라고 했다. 통치는 도, 자연법칙을 따르는 무위로 통치하여 고요함을 유지하면 온 세상이 안정된다는 의미다.

노자의 가르침

도, 자연의 원리를 따라 무위를 행하면 이루지 못할 것이 없다. 왕이라도 도, 자연의 섭리를 따라 욕심을 덜어내고 고요함을 유지하면 온 세상이 안정되므로 다른 길로 가지 말고 항상 무위를 행하라는 무위사상을 가르친다.

이 장의 경구

도는 항상 무위를 행해서 이루지 못할 것이 없다.

도, 자연의 원리를 따르는 무위를 행하면 만사를 어려움 없이 이룰 수 있다. 무위로 고요함을 이루면 천하가 저절로 안정된다.

제38장

상덕은 덕을 드러내려 하지 않아서 덕이 있다

본문

上德不德 是以有德 下德不失德 是以無德 上德無爲而無以爲 下德爲之而有以爲 上仁爲之而無以爲 上義爲之而有以爲 上禮爲之而莫之應 則攘臂而扔之
故失道而後德 失德而後仁 失仁而後義 失義而後禮
夫禮者 忠信之薄而亂之首 前識者 道之華而愚之始
是以大丈夫處其厚 不居其薄 處其實 不居其華 故去彼取此

ꕥ 직역

상덕은 덕을 드러내려 하지 않아서 덕이 있다. 하덕은 덕을 잃지 않으려 해서 덕이 없다. 상덕은 하는 일이 없고 (굳이) 하려는 것이 없다. 하덕은 하는 일이 있고 (굳이) 하려는 것이 있다. 상인은 하는 일이 있지만 (굳이) 하려는 것이 없다. 상의는 하는 일이 있고 굳이 하려고 하는 것이 있다. 상례는 하는 일이 있고 응하지 않으면 팔을 걷어붙이고 억지로 끌어당긴다. 그러므로 도를 잃고 난 뒤에 덕이 있고, 덕을 잃은 뒤에 인이 있고, 인을 잃은 뒤에 의가 있고, 의를 잃은 뒤에 예가 나온다. 대저 예라는 것은 진실과 믿음이 엷어진 것으로 혼란의 우두머리다. 앞의 것을 안다는 것은 도의 화려함일 뿐 어리석음의 시작이다. 이런 까닭에 대장부는 중후함에 처하고 경박함에 머물지 않으며, 내실에 처하고 화려함에 머물지 않는다. 그러므로 경박함과 화려함인 저것을 버리고 중후함과 내실인 이것을 취한다.

이 장의 의미

덕에 대한 설명이다. "상덕은 덕을 드러내려 하지 않아서 덕이 있고, 하덕은 덕을 잃지 않으려 해서 덕이 없다"고 해석한다. 이런 해석은 이해되지만, 문제는 이런 상덕이나 하덕은 노자의 덕에 부합하지 않는다는 점이다. 노자의 덕에 상, 하의 등급이 없다. 노자는 도와 덕이 무엇인지 구체적으로 밝혔다. 도는 자연법칙이고 덕은 오직 도의 일을 하는 것이고(21장) 도가 낳은 것을 먹여주고 입혀주고 길러 주고 성장하게 하고 성숙하게 하는 일을 한다(51장). 노자의 덕은 구체적으로 이로움을 베푸는 행위다. 또 노자의 도, 자연법칙은 잃을 수도 없고 잃고 나서 덕이 나오지도 않는다. 이 장의 도와 덕, 인, 의, 예는 유가의 것이다. 무위도 노자의 무위가 아닌 행위가 없음의 무위다. 노자는 앞의 것을 안다는 것은 도의 화려함일 뿐 어리석음의 시작이라고 했다. 그러므로 대장부는 경박하고 겉만 화려한 유가의 도를 버리고 중후하고 내실 있는 자연법칙의 도를 취한다고 했다. 유가의 도를 버리고 노자의 도를 취한다는 의미다.

노자의 가르침

이 장에 나오는 도와 덕은 유가의 것이다. 그러므로 노자의 가르침은 화려하게 보이고 경박한 유가의 도를 버리고 중후하고 실질적인 노자의 도를 따르라는 것이다.

이 장의 경구

이런 까닭에 대장부는 중후함에 처하고 경박함에 머물지 않으며, 내실에 처하고 화려함에 머물지 않는다. 그러므로 저것(경박함과 화려함)을 버리고 이것(중후함과 내실)을 취한다.

대장부는 겉으로만 화려하고 경박한 유가의 도를 따르지 않고 중후하고 실질적인 자연의 원리인 노자의 도를 따른다.

제39장

옛날에 하나(一)로 얻은 것이 있었다

본문

昔之得一者 天得一以淸 地得一以寧 神得一以靈 谷得一以盈 萬物得一以生 侯王得一以爲天下貞 其致之 天無以淸 將恐裂 地無以寧 將恐發 神無以靈 將恐歇 谷無以盈 將恐竭 萬物無以生 將恐滅 侯王無以貴高 將恐蹶 故貴以賤爲本 高以下爲基 是以侯王自謂孤寡不穀 此非以賤爲本耶非乎 故致數輿無輿 不欲琭琭如玉 珞珞如石

직역

옛날에 하나(一)로 얻은 것이 있었다. 하늘은 이 하나를 얻어서 맑고, 땅은 이 하나를 얻어서 편안하고, 신은 이 하나를 얻어서 신령하고, 골짜기는 이 하나를 얻어서 차고, 만물은 이 하나를 얻어서 태어나고, 제후와 왕은 이 하나를 얻어서 천하를 바르게 했다. 모두 이 '하나(一)'의 원리로 이루어진 것이다. 하늘이 맑음이 없으면 장차 찢어질까 두렵고, 땅이 편안함이 없으면 장차 터질까 두렵고, 신이 영험이 없으면 장차 영험이 사라질까 두렵고, 골짜기가 채워짐이 없으면 장차 마를까 두렵고, 만물이 태어남이 없으면 장차 멸절될까 두렵고, 제후와 왕이 고귀함이 없으면 장차 넘어질까 두렵다. 그러므로 귀한 것은 천한 것으로 근본을 삼고, 높은 것은 낮은 것으로 기반을 삼는다. 이런 까닭에 제후와 왕은 자신을 '고'나 '과', '불곡'으로 낮춰 부른다. 이는 천한 것을 근본으로 삼는 것이 아니겠는가? 그렇지 않은가? 그러므로 명예가 많으면 명예가 없는 것과 같다. 빛나는 보석 목걸이가 되려 하지 말고 다듬지 않은 낱낱의 돌처럼 되어야 한다.

이 장의 의미

옛날에 하나(一)로 이루어진 것들이 있었다. 하늘은 이 하나를 얻어서 맑고, 땅은 이 하나를 얻어서 편안하고, 신은 이 하나를 얻어서 신령하고, 골짜기는 이 하나를 얻어서 차고, 만물은 이 하나를 얻어서 태어나고, 제후와 왕은 이 하나를 얻어서 천하를 바르게 했다. 이 모든 것이 이 '하나(一)'의 원리로 이루어진 것이다. 이 하나(一)가 도, 자연법칙이다(14장, 22장). 천하 만물이 이 도로 생겨나서 질서정연하게 운행되는데 이 도가 없어지면 모든 것이 파탄 나거나 소멸될까 두려워한다. 제후나 왕이 백성들을 다스리는데 고귀함이 없으면 역시 넘어질까 두려워한다. 그러므로 제후와 왕은 귀한 것은 천한 것으로 근본을 삼고, 높은 것은 낮은 것으로 기반을 삼아 자신을 '고(외로운 사람)'나 '과(덕이 부족한 사람)', '불곡(선하지 않은 사람)'으로 스스로 낮춰 부른다. 사람들은 명예를 추구하지 말아야 한다. 명예가 많아봐야 별것이 아니다. 빛나는 구슬 목걸이가 되려하지 말고 자연 속의 조약돌이 되라고 했다. 명예를 추구하기보다 자연을 본받고 자연에 가치를 두는 삶을 살라는 의미다.

노자의 가르침

자연법칙의 도가 천지만물을 창조하고 그 운행을 관장하고 있음을 여러 자연현상을 예로 설명한다. 무소불위의 왕일지라도 스스로 낮추면서 도를 따르는 무위의 삶, 무위의 통치를 해야 한다고 했다. 후왕이 이러할진대 사람들이 명예를 추구하면서 높아지려 하면 되겠는가. 그러므로 빛나는 보석처럼 눈길을 끄는 명예를 추구하지 말고 다듬지 않은 돌처럼 자연에 맞게 살아야 한다는 가르침이다.

이 장의 경구

빛나는 보석이 되려 하지 말고 다듬지 않은 낱낱의 돌처럼 되어야 한다.

사람들은 명예를 추구하지만 명예가 많아 봐야 별것이 아니다. 그러므로 빛나는 보석처럼 눈길을 끄는 명예를 추구하기보다 다듬지 않은 돌처럼 자연과 더불어 자연의 원리를 따라 사는 것이 좋다.

제40장

반복은 도의 움직임이고 약함은 도의 쓰임이다

본문

反者道之動 弱者道之用 天下萬物 生於有 有生於無

직역

반복하는 것이 도의 움직임이고 약한 것이 도의 쓰임이다. 천하 만물은 유에서 나오고 유는 무에서 나온다.

이 장의 의미

이 짧은 장은 두 가지 중요한 자연의 원리를 담고 있다.

첫째, 도의 움직임과 쓰임이다. 도, 자연법칙은 한순간도 멈추지 않고 반복하면서 영원히 작동한다. 만일 도가 작동하지 않으면 천지만물의 운행이 파탄 난다(39장). 도의 쓰임은 어떤가? 도는 천지만물을 질서정연하게 운행하게 하지만 아무도 그 위력을 느끼지 못한다. 지구가 빠른 속도로 공전(초속 30km)하면서 자전(시속 1,667km)하지만 이를 느끼는 사람은 없다. 도의 쓰임은 약해 보인다. 노자의 이런 기술은 자연현상과 자연과학적 원리에 정확하게 부합한다.

둘째, "유생어무", 천하 만물이 무에서 나왔다는 천하 만물의 창조의 시원을 말했다. 노자의 사고의 산물이다. 이 무를 빅뱅의 무와 연관시킬 근거는 없지만 노자가 무를 천하 만물 창조의 시원으로 보았다는 점에서 빅뱅의 무와 그 의미는 다르지 않다. 이 "유생어무"는 노자의 빅뱅론이라 할 만하다. 이렇게 무에서 우주가 탄생했다는 것을 1922년 알렉산드르 프리드만이 처음 제기한 것으로 말하지만 이 말을 처음 한 것은 노자다. 노자는 기원전에 "천하 만물은 무에서 나왔다"고 했다. 자연법칙의 도가 영원히 쉬지 않고 작용하는 것을 밝힌 것이나 천하 만물이 무에서 나왔다는 창조의 시원을 말한 노자의 탐구와 사고는 경이롭다. 노자는 자연과학자다.

노자의 가르침

도, 자연법칙은 영원히 반복하면서 큰 위력을 나타내지만 아무도 이를 느끼지 못해서 그 쓰임이 약하다고 했다. 그리고 무가 천하 만물의 창조의 시원임을 말했다.

이 장의 경구

반복하는 것이 도의 움직임이고 약한 것이 도의 쓰임이다.

도는 한순간도 멈추지 않고 영원히 반복하면서 천하 만물의 운행을 관장한다. 하지만 아무도 그 위력을 느끼지 못해서 그 쓰임은 약해 보인다.

제41장

상사는 도를 들으면 힘써 행하고
중사는 도를 들으면 긴가민가하고
하사는 도를 들으면 크게 웃는다

본문

上士聞道 勤而行之 中士聞道 若存若亡 下士聞道 大笑之 不笑不足以爲道 故建言有之 明道若昧 進道若退 夷道若纇 上德若谷 太白若辱 廣德若不足 建德若偸 質眞若渝 大方無隅 大器晩成 大音希聲 大象無形 道隱無名 夫唯道善貸且成

직역

상사는 도를 들으면 힘써 행하고, 중사는 도를 들으면 있는 것 같기도 하고 없는 것 같기도 하다고 하고, 하사가 도를 들으면 크게 웃는다. 웃지 않으면 도가 되기에 부족하다고 했다. 그러므로 전부터 전해오는 말이 있다. 밝은 도는 어두운 것 같고, 나아가는 도는 물러서는 것 같고, 평탄한 도는 울퉁불퉁한 것 같고, 높은 덕은 골짜기 같고, 아주 흰 것은 더러운 것 같고, 넓은 덕은 부족한 것 같고, 확립된 덕은 구차해 보이고, 참된 진리는 변하는 것 같다. 아주 큰 네모는 모서리를 볼 수 없고, 아주 큰 그릇은 늦게 만들어지고, 아주 큰 소리는 잘 들리지 않고, 아주 큰 모양은 형체를 알 수 없다. 도는 숨어 있고 이름이 없다. 대저 오로지 도는 잘 베풀고 잘 이룬다.

이 장의 의미

노자의 도와 덕을 설명한다. 최고의 지식인은 도를 잘 알아서 들으면 잘 따르지만 보통 지식인은 도가 무엇인지 잘 몰라서 따를지 말지 주저하고 무식한 사람들은 무슨 그런 도가 있는가 하면서 크게 웃는다. 예전부터 전해오는 말처럼 사람들은 도와 덕을 제대로 알지 못하고 반대로 여기기도 한다. 밝은 도는 어두운 것 같고, 나아가는 도는 뒤로 물러서는 것 같고, 평탄한 도는 울퉁불퉁한 것 같다고 한다. 덕도 높은 덕은 낮은 골짜기 같고 넓은 덕은 부족한 것 같고 확립된 덕은 구차한 것 같고 참된 진리는 변하는 것 같다고 여긴다. 실제로 보고 들어도 알지 못하는 것도 있다. 아주 큰 사각형은 그 모서리를 볼 수 없고, 큰 그릇, 큰 인물은 만드는 데 오래 걸리고 아주 큰 소리는 무슨 소리인지 분간할 수 없고, 아주 큰 형상은 그 모양을 알 수 없다. 도 역시 보이지 않고 이름도 없지만 언제나 스스로 잘 베풀고 잘 이룬다. 도는 말하지 않아도 잘 응하고 소리쳐 부르지 않아도 스스로 오고 성글게 쳐진 하늘의 그물 같지만 도를 어기면 아무도 빠져나가지 못한다(73장). 이런 이치를 알지 못하는 지식이 낮은 사람들이 도를 듣고 크게 웃는 것은 이상할 것이 없다.

노자의 가르침

노자의 도와 덕을 누구나 쉽게 이해할 수 있는 것이 아니다. 잘 알려진 덕도 사람마다 다르게 이해한다. 실제로 눈으로 보는 것도 제대로 알지 못한다. 아주 큰 네모의 모서리를 볼 수 없고 큰 인물은 단기간에 기를 수 없고 아주 큰 소리는 무슨 소리인지 분간할 수 없다. 도 또한 보이지 않고 이름도 없어서 제대로 알지 못한다. 하지만 도는 항상 스스로의 원리로 천하 만물의 운행을 관장하면서 모든 것을 이룬다. 노자의 가르침은 이 도가 스스로의 원리로 움직이며 잘 베푸는 자연법칙이라는 것이다.

이 장의 경구

도는 숨어있고 이름이 없다. 대저 오로지 도는 잘 베풀고 잘 이룬다.

도, 자연법칙은 원리여서 보이지 않고 들리지도 않아서 어디에 있는지 알 수도 없다. 이름도 없어서 숨어 있는 것 같다. 그러나 도는 언제나 스스로의 원리로 잘 베풀고 잘 이룬다.

제42장

도가 하나를 낳고 하나는 둘을 낳고
둘은 셋을 낳고 셋은 만물을 낳는다

본문

道生一 一生二 二生三 三生萬物 萬物負陰而抱陽 沖氣以爲和 人之所惡唯孤寡不穀 而王公以爲稱 故物惑損之而益 惑益之而損 人之所教 我亦教之 强梁者不得其死 吾將以爲教父

❀ 직역

도가 하나를 낳고, 하나는 둘을 낳고, 둘은 셋을 낳고, 셋은 만물을 낳는다. 만물은 음을 지고 양을 안으며 (이 음양의) 기운으로 조화를 이룬다. 사람들이 싫어하는 바가 오로지 고, 과, 불곡인데 왕공은 이것을 자기의 칭호로 삼는다. 그러므로 사물은 혹 덜어내면 불어나기도 하고 혹 더하면 줄어들기도 한다. 이것이 사람들이 가르쳐준 바이고 나 역시 이를 사람들에게 가르치려 한다. 강하고 뻣뻣한 사람은 제명에 죽지 못한다. 나는 장차 이를 가르침의 아버지, 으뜸으로 삼으려 한다.

이 장의 의미

이 장의 내용은 두 가지다.

첫째, 도가 천지만물을 창조한 원리임을 말한다. 도는 하나(一)를 낳는다. 이 하나는 여러 자연현상의 원리를 하나로 묶은 자연법칙, 도 자체다. 이 도는 음과 양인 둘(二)을 낳는다. 음과 양의 둘이 조화를 이루어 삼(三)을 낳고 이 삼이 천하 만물을 낳는다. 하나(一)인 자연법칙의 도가 천지 만물을 창조한 것임을 말한다.

둘째, 임금은 사람들이 싫어하는 고(외로운 사람), 과(덕이 부족한 사람), 불곡(선하지 않은 사람)으로 자신의 호칭으로 삼는다. 왜 그런가? 세상의 일이란 덜면 늘어나기도 하고 더하면 줄어들기도 한다. 사람들도 높아지려고 하면 낮아지기도 하고 낮아지려고 하면 높아지기도 한다. 이런 이치를 아는 임금은 자신을 낮춰 부르고 낮은 자세로 백성들을 다스리겠다는 것을 다짐한다. 강퍅하게 처신하는 사람은 제명에 죽지 못한다. 임금도 자신을 높이고 강퍅하게 행동하면 임금의 자리를 지킬 수 없다. 이런 이치를 마음에 품고 통치해야 한다는 가르침이다.

노자의 가르침

도(一)의 원리로 음양(二)이 조화를 이룬 것(三)이 만물이라는 축약된 표현으로 도가 천지만물을 창조한 원리, 자연법칙임을 말한다. 그리고 통치자가 고, 과, 불곡으로 스스로 낮춰 부르는 칭호를 써서 낮은 자세로 백성들을 다스리겠다는 다짐을 말한다. 통치자는 낮고 겸손한 자세로 백성들을 통치해야 한다는 가르침이다.

이 장의 경구

그러므로 사물은 혹 덜어내면 불어나기도 하고 또 더하면 줄어들기도 한다.

세상의 일은 덜어내면 불어나기도 하고 더하면 줄어들기도 한다. 복이라고 좋아했던 것이 화가 되기도 하고 재앙이 복이 되어 돌아오기도 한다(58장). 그러므로 자신을 낮추고 겸손한 자세로 자연의 섭리, 도를 따르면서 살아야 한다.

제43장

천하에서 가장 부드러운 것이 천하에서 가장 굳은 것을 이긴다

본문

天下之至柔 馳騁天下之至堅 無有入無間 吾是以知 無爲之有益 不言之教 無爲之益 天下希及之

직역

천하에서 가장 부드러운 것이 천하에서 가장 굳은 것을 이긴다. 형태가 없는 것은 틈이 없는 곳에 들어간다. 나는 (이런) 무위가 유익한 것임을 안다. 말 없는 가르침에서 오는 행함이 없는 것(무위)의 유익함에 미칠만한 것이 세상에 드물다.

이 장의 의미

지극히 부드러운 것이 지극히 굳은 것을 이기고 틈이 없는 곳에 들어간다. 모범적인 행동으로 보여주는 말 없는 가르침은 지극히 부드러워서 틈이 없는 인간의 마음속에 들어가 세상을 아름답게 만드는 유익함을 낳는다. 이것이 지극히 부드러운 말 없는 가르침, 행함이 없는 무위의 유익함이다.

노자의 가르침

지극히 부드러운 말 없는 가르침, 행동으로 보여주는 가르침은 틈이 없는 인간의 마음속에 들어가 변화를 일으키는 이로움을 낳는다. 형태가 없는, 말 없는 가르침의 유익함을 가르친다.

이 장의 경구

말 없는 가르침에서 오는 무위의 유익함에 미칠만한 것이 세상에 드물다.

말 없이 행동으로 가르치는 지극한 부드러움의 가르침은 인간의 마음속에 들어가 세상을 변화시킨다. 말 없는 가르침에서 오는 무위의 유익함이 세상에서 가장 좋다.

제44장

명예와 몸은 어느 것이 더 친하고
몸과 재산은 어느 것이 더 소중하며
얻거나 잃었을 때
어느 것이 더 병이 되는가

본문

名與身孰親 身與貨孰多 得與亡孰病 是故甚愛必大費 多藏必厚亡 知足不辱 知止不殆 可以長久

❀ 직역

명예와 몸 중에서 어느 것이 더 친하고, 몸과 재물 중에서 어느 것이 더 관심이 많으며, 얻는 것과 잃은 것에서 어느 것이 더 병이 되는가. 이런 까닭에 (명예를) 너무 사랑하면 반드시 큰 대가를 치르고, (재물을) 많이 쌓아 놓으면 반드시 크게 잃는다. 만족함을 알면 굴욕을 당하지 않고 멈출 줄 알면 위태롭지 않다. 그러면 오래 갈 수 있다.

이 장의 의미

사람들은 명예나 재산을 얻고 잃는 것을 자신의 몸처럼 중요하게 여긴다. 그러나 명예를 너무 좋아하면 큰 수모를 당할 수 있고 재산을 많이 쌓아 놓으면 크게 잃고 병이 될 수 있고 무엇을 얻고 잃음에 집착하면 만족할 줄 모른다. 그러므로 명예나 재물에 집착하지 말고 만족할 줄 알아야 굴욕을 당하지 않고 욕심을 멈출 줄 알아야 위험에 빠지지 않고 오래 갈 수 있다.

노자의 가르침

명예나 재물에 지나친 욕심을 내지 말고 가진 것에 만족함을 알면 굴욕을 당하지 않고 적당한 선에서 멈출 줄 알면 위태롭지 않고 오래 갈 수 있다는 가르침이다.

이 장 의 경 구

만족함을 알면 굴욕을 당하지 않고 멈출 줄 알면 위태롭지 않다.

항상 기뻐하고 모든 일에 감사하라. 굴욕을 당하지 않는다. 명예와 재물에 집착하지 말라. 위태롭지 않고 만족한 삶을 사는 길이다.

제45장

잘 이룬 것은 흠이 있어 보이지만
그 쓰임은 다함이 없고
가득 찬 것은 빈 듯 보이지만
그 쓰임은 그치지 않는다

본문

大成若缺 其用不弊 大盈若沖 其用不窮 大直若屈 大巧若拙 大辯若訥 躁勝寒 靜勝熱 淸靜爲天下正

ꕥ 직역

아주 잘 이루어진 것은 결점이 있는 것 같아도 그 쓰임은 다함이 없다. 가득 찬 것은 빈 것 같아도 그 쓰임은 그치지 않는다. 완벽하게 곧은 것은 굽은 것 같아 보이고, 매우 뛰어난 기교는 서툰 것 같아 보이고, 매우 잘하는 말은 더듬는 것처럼 들린다. 부산하게 움직이면 추위를 이기고 조용하게 있으면 더위를 이긴다. 맑고 고요함이 이 세상에서 바른 것이다.

이 장의 의미

완벽한 것은 모자라는 것처럼 보여도 그 기능은 완벽하다. 가득 찬 것은 빈 것 같아도 계속 퍼서 쓸 수 있다. 완벽한 곧음은 굽어 보이고, 완벽한 솜씨는 서툴러 보이고, 노련한 말솜씨는 어눌해 보여도 그 기능은 모두 완벽하다. 완벽한 것은 겉으로 보는 것과 달리 잘 작동한다는 의미다. 빠르게 움직이면 추위를 이기고 조용하게 쉬면 더위를 이긴다. 몸의 생리기능이 완벽해서 일어나는 생리현상이다. 기본이 완벽하면 외양이 어떻든 완벽하게 작동한다. 맑고 고요함이 세상에서 바른 것의 기본이 된다.

노자의 가르침

완벽한 것 즉, 도, 자연의 원리로 이루어지는 것은 허술해 보여도 그 기능이 완벽하다. 추울 때 몸을 부산하게 움직이면 추위를 이기고 더워서 땀이 날 때 앉아서 조용히 쉬면 땀이 식고 더위를 물리칠 수 있다. 자연의 원리, 생리학적인 원리다. 혼란스러운 천하를 바르게 하려면 조용하게 더위를 식히는 방식이 좋다. 맑고 고요한 것이 이 세상의 바른 것의 기본이 되기 때문이다.

이 장의 경구

부산하게 움직이면 추위를 이기고 조용하게 있으면 더위를 이긴다. 맑고 고요함이 이 세상에서 바른 것이다.

추우면 몸을 움직여서 추위를 물리치고 땀이 나면 조용히 쉬면서 땀을 식힌다. 자연의 원리, 생리적인 원리, 무위다. 맑고 고요함이 세상에서 바른 것의 기준이 된다.

제46장

세상에 도가 있으면
전장에서 달리던 말이 돌아와
똥을 싸고 세상에 도가 없으면
병마가 성 밖에서 새끼를 낳는다

본문

天下有道 卻走馬以糞 天下無道 戎馬生於郊 禍莫大於不知足 咎莫大於欲得 故知足之足 常足矣

⊗ 직역

세상에 도가 있으면 전장에서 달리던 말들이(돌아와서 밭에) 똥을 싸고, 세상에 도가 없으면 병마가 성 밖에서 새끼를 낳는다. 만족함을 알지 못하는 것보다 더 큰 화는 없고 욕심을 품는 것보다 더 큰 재앙은 없다. 그러므로 만족함을 아는 만족이 변치 않는 만족이다.

이 장의 의미

이 장의 해석은 어렵지 않지만 그 의미를 알려면 여기에 나오는 도, 똥 싸는 말과 새끼 낳는 병마 그리고 만족과 욕심이라는 단어의 의미가 하나로 연결되어야 한다. 먼저 도가 있으면 평화가 오고 도가 없으면 전쟁이 일어나는데 이 도는 무엇인가? 그것은 욕심을 품지 않고 만족함을 아는 도, 도리다. 통치자가 이웃 나라의 영토에 대한 욕심이 없고 만족함을 아는 도, 도리를 지키면 이웃 나라를 침략하지 않아서 전쟁의 화를 면할 수 있다. 이 도, 도리만 지켜도 전쟁이 일어나지 않는다는 의미다. 전장에서 달리던 말이 돌아와 밭에 똥을 싼다거나 병마가 성 밖에서 새끼를 낳는다는 표현은 평화와 전쟁을 상징하는 표현일 뿐 다른 의미는 없다. 어찌 되었든 밭에 똥 싸는 말과 성 밖에서 새끼 낳는 말로 전쟁과 평화의 의미를 펼치는 노자의 비유는 절묘하다.

노자의 가르침

노자는 만족할 줄 아는 것이 참된 만족이라는 말로 통치자는 영토에 대한 욕심을 품지 말고, 만족함을 알아서 전쟁을 일으키지 않아야 한다는 가르침을 펼친다. 소국과민(80장)을 이상적인 나라로 여기는 노자에게 만족함을 모르고 이웃 나라의 영토를 탐해서 침략하는 것은 결코 도, 도리가 아니다.

이 장의 경구

그러므로 만족함을 아는 만족이 변치 않는 만족이다.

각자의 처지에서 만족함을 알면 그것이 변치 않는 참된 만족이다. 통치자가 만족함을 알면 전쟁이 일어나지 않는다.

제47장

방문을 나서지 않아도 천하를 알며 창밖으로 내다보지 않아도 천도를 본다

본문

不出戶 知天下 不窺牖 見天道 其出彌遠 其知彌少

是以聖人不行而知 不見而名 不爲而成

❀ 직역

방문을 나서지 않아도 온 세상을 알고, 창문으로 내다보지 않아도 하늘의 도를 본다. 멀리 나갈수록 아는 것이 더 적어진다. 그런 까닭에 성인 즉, 노자는 나다니지 않아도 알고, 보지 않고도 알고, 행하지 않고도 이룬다.

이 장의 의미

하늘의 도는 눈으로 볼 수 없는 원리, 자연법칙이다. 그러므로 눈으로 보려고 하지 말고 눈을 감고 그 원리를 깨달아야 한다(1장). 이런 원리는 멀리 나간다고 더 잘 보거나 더 잘 알 수 있는 것이 아니다. 하늘의 도를 아는 사람은 눈을 감고도 알고 보지 않고도 판단할 수 있고 행하지 않고도 이룬다. 이 천도, 자연의 원리를 깨달으면 나다니지 않아도 세상의 일을 알고 이룰 수 있다는 의미다.

노자의 가르침

하늘의 도는 원리여서 눈으로 보려고 하지 말고 눈을 감고 그 이치를 깨달아야 한다. 그러면 하늘의 도를 알고 자연의 변화와 세상의 일을 내다볼 수 있다.

이 장의 경구

방문을 나서지 않고도 온 세상을 알고, 창문으로 내다보지 않고도 천도를 본다.

하늘의 도는 원리여서 눈으로 볼 수 있는 것이 아니다. 이 도가 자연의 원리, 자연법칙이다. 이를 깨달으면 밖을 내다보거나 밖에 나다니지 않고 눈을 감고 천도를 보고 자연의 변화나 세상의 일을 알 수 있다. 도는 눈을 감아야 보인다(1장).

제48장

배움을 행하면 날마다 더해지고 도를 행하면 날마다 덜어진다

본문

爲學日益 爲道日損 損之又損 以至於無爲 無爲而無不爲 取天下常以無事 及其有事 不足以取天下

ꕥ 직역

배움을 행하면 날마다 더해지고, 도를 행하면 날마다 덜어진다. 덜어내고 또 덜어내면 마침내 무위에 이른다. 무위로 하면 이루지 못할 것이 없다. 천하를 얻으려면 항상 무위로 일해야 한다(무사). 유위로 일하면(유사) 천하를 얻기에 부족하다.

이 장의 의미

배움을 행하면 날마다 늘어나고 도를 행하면 날마다 줄어든다. 무엇이 늘어나고 줄어드는가? 배우면 지식이 늘어나고 도를 행하면 지식과 욕심이 줄어든다. 도로 지식과 욕심을 비우면 도가 작동하는 무위에 이르러서 이루지 못할 것이 없다. 그러므로 천하를 얻으려면 도, 자연의 섭리를 따라 무위로 일해야 하고(무사) 작위적으로 일하면(유사) 천하를 얻을 수 없다.

노자의 가르침

도로 지식과 욕심을 덜어내면 마침내 도가 지배하는 무위에 이른다. 이 무위로 일하면(무사) 천하를 얻을 수 있고 도가 아닌 작위, 유위로 일하면(유사) 천하를 얻을 수 없다. 도, 자연의 섭리에 맞게 무사로 일해야 목적을 이룰 수 있다는 가르침이다.

이 장의 경구

무위로 하면 이루지 못할 것이 없다. 천하를 얻으려면 항상 무위로 일해야 한다(무사). 유위로 일하면(유사) 천하를 얻기에 부족하다.

자연의 원리, 도에 맞게 무위로 일해야(무사) 실패하지 않고 천하를 얻을 수 있다. 작위적으로 일하면(유사) 천하를 얻을 수 없다.

제49장

성인은 고정된 마음이 없고 백성들의 마음으로 자신의 마음을 삼는다

본문

聖人無常心 以百姓心爲心 善者吾善之 不善者吾亦善之 德善 信者吾信之 不信者吾亦信之 德信 聖人在天下歙歙 爲天下渾其心 聖人皆孩之

⊛ 직역

성인은 고정된 마음이 없고 백성들의 마음으로 자신의 마음을 삼는다. 나는 선한 사람을 선하게 대하고 선하지 않은 사람도 나는 역시 선하게 대한다. 덕은 선함이다. 나는 나를 믿는 사람을 믿으며 나를 믿지 않는 사람도 나는 역시 믿는다. 덕은 믿음이다. 성인은 세상에서 모든 것을 받아들이고 세상을 위하여 온 마음을 다한다. 성인은 (백성들을) 모두 어린아이로 여긴다.

이 장의 의미

성인을 통한 노자의 가르침은 통치자는 늘 열린 마음으로 백성들의 마음을 헤아려서 자신의 마음으로 삼고 백성들을 자신의 아이처럼 여겨서 보살펴야 한다는 것이다. 통치자는 자신에게 선하게 대하는 사람이나 선하게 대하지 않는 사람에게도 다 선하게 대해서 덕의 선함을 실천해야 한다. 미더운 사람이나 미덥지 않은 사람이나 다 미덥게 대해서 덕의 미더움을 실천한다. 성인을 통한 노자의 가르침은 통치자는 덕의 선함과 덕의 미더움으로 백성들을 자신의 아이들처럼 보살피면서 덕치를 해야 한다는 의미다.

노자의 가르침

노자는 통치자들에게 백성들의 마음을 자신의 마음으로 삼아서 덕의 선함과 덕의 미더움과 온 마음을 다해 백성들을 자신의 자식들처럼 돌보는 통치, 덕치를 하라는 가르침을 펼친다.

이 장의 경구

나는 선한 사람을 선하게 대하고 선하지 않은 사람도 나는 역시 선하게 대한다. 덕은 선함이다. 나는 나를 믿는 사람을 믿으며 믿지 않는 사람도 나는 역시 믿는다. 덕은 믿음이다.

덕은 누구에게나 선함과 믿음으로 대해서 이로움을 준다. 통치자들은 이런 선함의 덕과 믿음의 덕으로 백성들을 다스리는 덕치를 펼쳐야 한다.

제50장

태어나서 살다가 죽음에 들어간다

본문

出生入死 生之徒十有三 死之徒十有三 人之生動之死地亦十有三 夫何故以其生生之厚 蓋聞善攝生者陸行不遇虎兕 入軍不被甲兵 兕無所投其角 虎無所措其爪 兵無所用其刃 夫何故 以其無死地

직역

태어나서 살다가 죽음에 들어간다. 삶의 무리가 10의 3이다. 죽음의 무리가 10 의 3이다. 살아서 움직이지만 죽을 처지에 있는 무리 역시 10의 3이다. 왜 그런가? 그 삶이 풍족하기 때문이다. 듣기로는 섭생(몸 조리)을 잘하는 사람은 육지를 다녀도 호랑이나 코뿔소를 만나지 않고 군에 들어가도 적병의 피습을 당하지 않는다. 코뿔소가 뿔을 들이댈 곳이 없고 호랑이도 발톱을 댈 곳이 없으며 적병이 칼을 댈 곳이 없다. 왜 그런가? 죽음의 자리가 없기 때문이다.

이 장의 의미

사람이 태어나서 살면서 죽음에 이르는 과정을 말하고 있다. 태어나 무병장수하는 사람이 10중 3, 병들어 일찍 죽는 사람 10중 3, 살아 있지만 중병으로 죽을 처지에서 고생하는 사람이 10중 3이다. 왜 중병에 걸려서 고생하는가? 지나치게 풍족한 생활(生之厚)을 하기 때문이다. 평소에 위생적이고 건강관리를 잘하는 사람(善攝生者)은 육지를 다녀도 호랑이나 코뿔소를 만나지 않고 전쟁터에 나가도 적병의 피습을 당하지 않는다고 했다. 코뿔소가 뿔을 들이댈 틈이 없고 호랑이도 발톱을 댈 곳이 없으며 적병이 칼을 댈 곳이 없기 때문이라고 했다. 무슨 말인가? 이것은 질병에 대한 비유다. 외뿔 소, 호랑이, 적병은 치사율이 높은 역병이고, 코뿔소의 뿔이나 호랑이의 발톱, 적병의 칼은 이런 질병에서 오는 죽음을 위협하는 위험요인이다. 평소에 건강관리를 잘하는 사람(선섭생자)은 무서운 역병이 돌아도 걸리지 않고 지나치게 먹고 마시는(생지후) 습관을 가진 사람은 중병에 걸려서 죽을 위험에 처한다고 했다. 노자가 당대의 질병에 대한 속설을 인용하고 자신의 관찰과 탐구의 내용을 더해서 이런 질병의 발병과 예방에 대한 견해를 밝혔다. 이것은 현대의학의 생활습관병(중풍, 비만, 당뇨병, 고혈압, 심장병, 암)의 발병기전과 같다. 노자 당대의 질병(생활습관병)이나 삶의 본질이 지금과 다르지 않다는 것을 잘 보여준다. 이런 노자의 관찰과 탐구는 놀랍다. 노자는 의학자, 자연과학자다.

노자의 가르침

사람들은 무병장수를 원하지만, 질병으로 일찍 죽기도 하고 중병으로 고생하다 죽기도 한다. 이런 질병에 대한 당대의 속설과 관찰과 탐구를 통해서 평소에 지나치게 먹고 마시고(생지후) 건강관리를 잘하지 않으면 역병이나 생활습관병 같은 난치성 질병으로 죽음의 문턱에서 고생한다는 것을 비유로 말하고 있다.

이 장의 경구

살아서 몸은 움직이지만, 죽을 처지에 있는 무리 역시 10의 3이다. 왜 그런가? 그 삶이 두텁기 때문이다.

죽음의 문턱에서 고생하는 난치병에 잘 걸리는 것은 자연의 원리에 맞지 않는 잘못된 생활습관 즉, 지나치게 먹고 마시는 삶(생지후) 때문이다. 지금도 "생지후"하면 생활습관병에 걸려서 평생토록 고생한다.

제51장

도가 낳고 덕이 길러주고 만물의 형체를 만들고 세를 이룬다

본문

道生之 德畜之 物形之 勢成之 是以萬物莫不尊道而貴德 道之尊 德之貴 夫莫之命而常自然 故道生之 德畜之 長之育之 亭之毒之 養之覆之 生而不有 爲而不恃 長而不宰 是謂玄德

⊗ 직역

도가 낳고 덕이 길러준다. 만물은 형체를 만들고 세력을 이룬다. 이런 까닭에 만물은 도를 높이지 않을 수 없고 덕을 귀하게 여기지 않을 수 없다. 도를 높이고 덕을 귀하게 여기는 것은 (누가) 명령해서가 아니라 스스로 그러한 것이다. 그러므로 도가 낳고 덕이 기른다. 자라게 하고 키워주고, 머물러 쉬게 하고 고쳐주고, 먹여주고 입혀(덮어)준다. 낳았지만 소유하지 않고 일을 했지만 의지하지 않고 자라게 했지만 거느리지 않는다. 이를 현덕이라 한다.

이 장의 의미

노자의 도와 덕이 하는 일을 구체적으로 밝힌다. 도는 천지만물을 낳는다. 낳고 이를 소유하지 않는다. 덕은 도가 낳은 것을 길러서 세력을 이루게 한다. 덕이 길러주고 자라게 하고 키워주고 머물러 쉬게 하고 고쳐주고 먹여주고 입혀준다. 이렇게 덕은 도가 낳은 것을 보살펴주어서 제 구실을 하게하는 이로움을 준다. 도가 낳은 것을 소유하지 않고 덕이 이루었지만 이에 의지하지 않고 길러 주었지만 다스리지 않는 것을 현덕이라고 했다. 덕은 대가 없이 이로움을 베푸는 일을 한다는 의미다.

노자의 가르침

도는 천지만물을 낳고 그 운행을 주관하는 자연의 원리, 자연법칙이지만 덕은 도가 낳은 천지만물을 길러주고 장성하게 해서 제구실을 하게 하는 이로움을 베푸는 행위다. 현덕은 만물이 자라는데 이로움을 베풀었지만 이를 다스리지 않는다는 행위로 덕을 높이는 말이다.

이 장의 경구

도가 낳으면 덕이 길러주고 만물이 형체를 만들고 세력은 이룬다.

천하 만물은 도의 원리로 태어나서 덕의 보살핌으로 성장해서 세력을 이루고 대를 이어간다. 도는 원리이지만 덕은 이로움을 베푸는 행위다.

제52장

천하에 시작이 있으니 그것이 천하의 어미다

본문

天下有始 以爲天下母 既得其母 以知其子 既知其子 復守其母 歿身不殆 塞其兌 閉其門 終身不勤 開其兌 濟其事 終身不救 見小曰明 守柔曰强 用其光 復歸其明 無遺身殃 是謂習常

직역

천하에 시작이 있었으니 그것이 천하의 어미다. 이미 그 어미를 얻어서 그 아들을 안다. 그 아들을 알았으니 돌아가 그 어미를 지키면 몸이 다하도록 위태롭지 않다. 그 구멍을 막고 그 문을 닫으면 몸이 다할 때까지 근심이 없다. 그 구멍을 열고 여러 일을 벌이면 몸이 다할 때까지 도움을 받지 못한다. 작은 것을 보는 것을 밝음(명)이라 하고 부드러움을 지키는 것을 강함이라고 한다. 그 빛을 사용하여 그

밝음에 돌아가면 몸에 재앙을 남기지 않는다. 이를 습상이라 한다.

이 장의 의미

천하의 시작은 천하의 어미인 도다. 이 도가 낳은 아들은 인간을 포함한 천하 만물이다. 사람들은 이 어미, 자연법칙의 도를 따르면(무위) 평생 위태롭지 않다. 그러므로 도, 자연의 원리에 반하여 작위 하려는 욕망의 구멍을 막고 욕망의 산물이 나오는 문을 닫아야 평생 근심이 없다. 그러나 그 구멍을 막지 않고 욕망을 분출하는 작위적인 행동을 하면 어려움을 당해도 평생 구제받지 못한다. 작은 것을 보는 현명함과 부드러움을 지키는 강함과 그 빛으로 도를 따르면(무위) 평생 재앙을 남기지 않는다. 이것이 오래전부터 이어져 오는 변치 않는 원리, 습상이다.

노자의 가르침

도를 따르는 무위를 행하고 작은 것을 보는 지혜를 갖추고 욕망의 구멍을 막고 작위적인 행동을 멈추고 부드러움을 유지하는 강함으로 살아가면 재앙을 맞지 않고 평생 근심·걱정이 없다는 가르침이다. 이 변치 않고 이어져 오는 원리가 습상이다.

이 장의 경구

작은 것을 보는 것을 밝음(명)이라 하고 부드러움을 지키는 것을 강함이라고 한다.

작은 것을 살펴서 아는 것이 밝은 것, 현명한 것이다. 부드러움을 유지하는 것이 진정한 강함이다.

제53장

내가 그러할 것이라고 알게 해준 것이 있다면 대도를 행하 것은 오로지 두려움으로 해야 한다는 것이다

본문

使我介然有知 行於大道 惟施是畏 大道甚夷 而民好徑 朝甚除 田甚蕪 倉甚虛 服文綵 帶利劍 厭飮食 財貨有餘 是謂盜夸 非道也哉

ꕥ 직역

내가 그러할 것이라고 알게 해준 것이 있다면 큰 도를 행하는 것은 오로지 두려움으로 해야 한다는 것이다. 대도는 매우 평탄하지만 사람들은 지름길을 좋아 한다. 조정은 매우 깨끗하지만 (백성들의) 밭은 심하게 잡초가 우거지고, 곳간은 텅텅 비었지만 (통치자는) 화려한 무늬의 옷을 입고 예리한 칼을 차고 좋은 음식을 질리도록 먹고 재화를 넘치도록 소유하고 있다. 이것을 일러 도둑질을 자랑하는 것이라 한다. 이것은 결코 도가 아니다.

이 장의 의미

통치자는 무거운 책임감을 갖고 백성들을 큰 도로 다스려야 한다. 그런데 통치자들은 편하고 쉬운 지름길, 도가 아닌 자신들의 배만 채우는 길을 가면서 백성들을 돌보지 않는다. 백성들의 밭은 잡초가 무성하고 곳간은 텅텅 비어서 굶주리고 있는데도 통치세력들은 잘 꾸며진 궁궐에서 화려한 무늬의 옷을 입고 예리한 칼을 차고 좋은 음식을 질리도록 먹고 재화를 넘치도록 소유하고 있다. 이것은 도적이 자신의 행적을 과시하는 꼴이어서 도, 도리가 아니라고 했다. 통치자는 쉽고 자기에게만 이로운 길이 아닌 백성들이 이롭고 잘 살 수 있게 하는 대도, 하늘의 뜻과 도리를 따라야 한다.

노자의 가르침

통치자들은 큰 책임감을 갖고 대도로 통치해야 하지만 본분을 잊고 편한 길로 간다. 노자는 가난한 백성들을 돌보지 않고 자신들만 호의호식하는 통치자들의 탐욕을 질타하고 백성들이 이롭고 잘 살게 하는 하늘의 도에 합당한 통치를 하라는 가르침을 펼친다.

이 장의 경구

대도의 길은 매우 평탄하지만, 사람들은 지름길을 좋아한다.

대도의 길은 평탄한데도 사람들은 이를 버리고 쉬운 샛길로 가는 것을 좋아한다. 통치자는 대도로 백성들을 돌보는 통치를 펼쳐야 한다.

제54장

잘 세운 것은 뽑히지 않고
잘 품은 것은 이탈하지 않는다

본문

善建者不拔 善抱者不脫 子孫以祭祀不輟 修之於身 其德乃眞 修之於家 其德乃餘 修之於鄉 其德乃長 修之於國 其德乃豊 修之於天下 基德乃普 故以身觀身 以家觀家 以鄉觀鄉 以國觀國 以天下觀天下 吾何以知天下然哉 以此

※ 직역

잘 세운 것은 뽑히지 않고 잘 품은 것은 이탈하지 않는다. 자손들의 제사가 끊이지 않는다. (이런 이치로) 몸을 닦으면 그 덕이 참되고, 가정을 닦으면 그 덕이 여유 있고, 마을을 닦으면 그 덕이 오래 가고, 나라를 닦으면 그 덕이 풍요하고, 천하를 닦으면 그 덕이 두루 미친다. 그러므로 그 몸으로 남의 몸을 살피고, 그 가정으로 남의 가정을 살피고, 그 마을로 남의 마을을 살피고, 그 나라로 남의 나라를 살피고, 그 천하로 다른 천하를 살펴본다. 내가 천하가 그러한지를 어떻게 아는가? 이런 것에 의해서다.

이 장의 의미

노자의 덕을 말한다. 구멍속에서 보이지 않는 덕의 모습은 도를 따라 도의 일을 이루는 것으로 알 수 있다(21장). 덕은 도가 낳은 것을 길러 장성하게 해서 제구실을 하게 한다(51장). 덕은 도로 잘 세운 것을 뽑히지 않게 하고 도가 잘 품은 것을 이탈하지 않게 한다. 이런 이치로 몸을 닦으면 몸을 참되게 하는 덕을 얻고, 가정을 닦으면 가정을 여유롭게 하는 덕을 얻고, 마을을 닦으면 마을이 오래가는 덕을 얻고, 나라를 닦으면 나라가 풍성하게 되는 덕을 얻고, 온 세상이 닦으면 온 세상에 두루 미치는 덕을 얻는다. 이렇게 얻은 나의 참된 덕으로 남을 살피고, 가정에 여유 있는 덕으로 다른 가정을 살피고, 마을 오래가는 덕으로 다른 마을을 살피고, 나라를 풍성하게 하는 덕으로 다른 나라를 살피고, 온 세상에 두루 미치는 덕으로 다른 세상에 그 덕이 두루 미치는지를 살필 수 있다. 이렇게 도의 이치로 닦으면 개인으로부터 온 세상에 이르기까지 덕의 이로움이 미친다. 덕은 도를 따라 온 천하에 이로움을 준다.

노자의 가르침

도가 낳으면 덕이 기르는 것(51장)처럼 덕은 도의 일을 도와서 도의 일을 이루는 이로움을 베푼다. 도로 잘 세우면 덕이 뽑히지 않게 하고, 도로 잘 품으면 덕이 이탈하지 않게 한다. 이런 이치로 수양하면 개인이나 가정이나 마을이나 나라나 온 세상이 모두 유익하게 되는 덕을 얻고 이 덕의 이로움이 개인, 가정, 마을, 나라, 온 세상에 미치게 한다. 도는 원리이지만 덕은 이로움을 주는 행위다.

이 장의 경구

잘 세운 것은 뽑히지 않고 잘 품은 것은 이탈하지 않는다.

도가 낳으면 덕이 기른다(51장). 같은 이치로 도로 잘 세운 것은 덕이 뽑히지 않게 하고 도로 잘 품으면 덕이 벗어나게 하지 않게 한다.

제55장

덕을 두텁게 품은 것은 갓난아이에 비유된다

본문

含德之厚 比於赤子 蜂蠆虺蛇不螫 猛獸不據 攫鳥不搏 骨弱筋柔而握固 未知牝牡之合而全作 精之至也 終日號而不嗄 和之至也 知和曰常 知常曰明 益生曰祥 心使氣曰强 物壯則老 是謂不道 不道早已

직역

덕을 두텁게 품은 것은 갓난아이에 비유된다. 벌이나 전갈이나 살무사나 뱀이 쏘지 않고, 맹수가 덤비지 않으며 사나운 새도 채가지 않는다. 근골이 약해도 손으로 쥐는 힘이 세고 암수의 교접을 알지 못해도 고추가 빳빳하게 선다. 정기가 지극하기 때문이다. 종일 울어도 목이 쉬지 않는다. 조화가 지극하기 때문이다. 조화를 아는 것을 상(常)이라 하고, 상을 아는 것을 명(明)이라 하고, 삶을 늘리는 것을 재앙이라 하고, 마음의 기를 부리는 것을 강퍅한 것이라 한다. 사물이 왕성해지면 시든다. 이것은 도가 아니다. 도가 아닌 것은 일찍 끝난다.

이 장의 의미

두터운 덕을 품은 것은 갓난아이와 같다는 비유로 덕의 의미를 펼치고 도는 불변하는 자연의 원리임을 말한다. 갓난 아이는 자신의 의지가 아닌 본능, 생리적 원리에 따라 불수의적, 반사적으로 행동한다. 전형적인 무위다. 갓난아이는 손으로 잡는 힘이 강하다. 붙잡은 것을 놓치지 않아야 산다는 본능에서 나오는 반사행위, 설근(楔筋) 반사다. 전형적인 무위다. 갓난아이는 성교를 몰라도 수시로 고추가 빳빳하게 서고 종일 울어도 목이 쉬지 않는다. 갓난아이의 정기나 조화가 지극하기 때문이라고 했다. 그러나 이것은 매우 중요한 생리 현상이다. 갓난아이 때 가끔 고추가 빳빳하게 서야 성인이 돼서 쓸 수 있는 무기가 된다. 갓난아이의 고환에서 나오는 남성호르몬(테스토스테론)이 작용해서 가끔 고추로 혈액을 보내 음경 혈관을 팽창시켜야 성인이 되어 음경이 제대로 발기한다. 고추가 제멋대로 서는 것이 아니다. 갓난아이가 우는 것도 슬퍼서 우는 것이 아니다. 소통의 수단이다. 젖 달라고, 똥 쌌다고, 너무 춥다고 어미에게 알리는 불수의적인 행위다. 그런데 목이 쉽게 쉬어서 울음소리가 작아지면 되겠는가. 노자는 이런 갓난아이의 생리적인 행위를 관찰하고, 그런 행위의 원리에 근거해서 그의 가르침을 펼친 것을 보면 노자는 자연과학자다. 삶을 늘리는 것은 재앙이고, 마음의 기, 억지를 부리는 것은 강퍅한 것이고, 빨리 장성하고 빨리 시들며 일찍 끝나는 것은 도가 아니라고 했다. 도는 영원불변하는 원리임을 밝힌다.

생명을 연장하는 것은 재앙이라고 했다. 생명을 원하는 대로 늘리는 것은 불가능하다. 그러므로 "삶을 늘리는 것은 재앙이다"라는 말은 의학적인 연명행위, 연명치료는 재앙이라는 것으로 볼 수 있다.

노자의 가르침

갓난아이의 비유로 덕의 의미를 펼친다. 덕을 두텁게 쌓은 사람은 갓난아이 같다고 했다. 갓난아이는 오직 본능, 생리적인 원리로 움직인다. 전형적인 무위다. 갓난아이가 손에 무엇이 닿으면 꽉 잡는 것, 소리내서 우는 것, 고추가 가끔 빳빳하게 서는 것은 모두 생리적인 원리에 따른 본능적·불수의적인 행위, 무위다. 이처럼 덕은 갓난아이의 생존과 육체적 발달에 유익함을 주는 행위, 무위다. 그러나 삶을 늘리는 것이나 심술과 억지를 부리는 것은 자연의 원리에 반해서 재앙이다. 일찍 성하고 일찍 끝나는 것도 자연의 원리에 반해서 도가 아니라고 했다. 도는 영원불변하는 자연의 원리라는 가르침이다.

노자는 생명을 연장하는 것은 재앙이라고 했다. 누구도 죽음(자연사, 병사)을 인위적으로 막을 수 없다. 태어나면 죽는다(출생입사, 50장). 자연의 섭리다. 지금도 생명을 인위적으로 연장하는 연명치료는 의학적인 지지를 받지 못한다. 연명치료를 반대하는 것은 노자의 주장에 부합한다.

이 장의 경구

무엇이든지 왕성해지면 시든다. 이것은 도가 아니다. 도가 아닌 것은 일찍 끝난다.

무엇이든지 빨리 전성기를 맞으면 빨리 끝난다. 일찍 성하고 일찍 끝나는 것은 자연의 원리에 반해서 도가 아니다. 도는 영원불변하는 자연법칙이다.

제56장

아는 자는 말하지 않고,
말하는 자는 알지 못한다

본문

知者不言 言者不知 塞其兌 閉其門 挫其銳 解其分 和其光 同其塵 是謂玄同 故不可得而親 不可得而疎 不可得而利 不可得而害 不可得而貴 不可得而賤 故爲天下貴

⌘ 직역

아는 자는 말하지 않고, 말하는 자는 알지 못한다. 그 구멍을 막고 그 문을 닫아야 한다. 말의 예리함을 무디게 하고, 그 얽힘을 풀고, 그 빛을 부드럽게 하고 티끌과 같게 한다. 이를 현동이라 한다. 그러므로 드러내 보일 수도 없고 소원해질 수도 없으며 이롭게 할 수도 없고 해롭게 할 수도 없으며, 귀하게 할 수도 없고 천하게 할 수도 없다. 그러므로 천하를 귀하게 한다.

이 장의 의미

아는 사람은 말하지 않는다. 말로 떠들어 자랑할 필요가 없기 때문이다. 알지 못하는 사람은 말이 많다. 많이 아는 것처럼 말로 떠들기 때문이다. 그래서 아예 말하려는 욕망의 구멍을 막고, 말이 나가는 입을 닫아야 한다. 또 나오는 말도 그 예리함을 무디게 하고, 말의 얽힘을 풀고, 그 말의 빛을 조화롭게 하고 티끌과 같게 해서 구별할 수 없는 경지, 현동의 경지에 이르게 해야 한다. 이 현동의 경지는 다 같아져서 드러내 보일 수도 없고, 소원해질 수도 없으며, 이롭게 하거나 해롭게 할 수도 없고, 귀하게 하거나 천하게 할 수도 없다. 그래서 온 세상이 다 귀하게 된다. 말만 순화해도 세상을 귀하게 변화시키는 위력이 있다.

노자의 가르침

노자는 아는 자는 말하지 않고, 말하는 자는 알지 못한다는 가르침을 펼치고 있다. 아는 사람은 말로 자랑할 필요가 없지만 알지 못하는 사람은 아는 것처럼 떠들어서 오히려 무식함을 드러낸다. 그러므로 말을 적게 해야 한다. 그렇게 하는 좋은 방법은 아예 말하려는 욕망의 틈을 막고 불필요한 말이 나오는 입을 닫는 것이다. 그리고 나오는 말도 날카로움을 쳐내고 얽힘을 풀고 그 빛을 조화롭게 하여 티끌처럼 같아지는 현동, 현묘한 조화를 이루어서 온 세상이 같아지고 귀하게 해야 한다. 말을 순화하기만 해도 세상을 공평하고 귀천이 없는 세상을 만들 수 있다는 가르침이다.

이 장의 경구

그 구멍을 막고 그 문을 닫아야 한다. 예리함을 무디게 하고, 그 얽힘을 풀고, 그 빛을 부드럽게 하고 티끌과 같게 한다. 이를 현동이라 한다.

말하려는 욕망의 구멍을 막고 말이 나오는 입을 닫아서 말을 적게 해야 하며 그 말도 예리함을 무디게 하고 얽힘을 풀고 그 빛을 부드럽게 하여 티끌처럼 같아지는 현동의 경지에 이르게 해야 한다. 그러면 친소나 이해나 귀천을 따지지 않아서 모두 같아진다. 말만 적게 하고 순화해도 온 세상을 고르게 되는 이로움을 얻는다.

제57장

바름으로 나라를 다스리고 기책으로 용병하고 자연의 섭리에 맞게 일해서 천하를 얻는다

본문

以正治國 以奇用兵 以無事取天下 吾何以知其然哉 以此 天下多忌諱而民彌貧 民多利器國家滋昏 人多伎巧奇物滋起 法令滋彰盜賊多有 故聖人云 我無爲而民自化 我好靜而民自正 我無事而民自富 我無欲而民自樸

직역

바름(법)으로 나라를 다스리고, 기발한 책략(전략)으로 용병하고, 무위로 일해서(무사) 천하를 얻어야 한다. 내가 무엇으로 그렇다는 것을 아는가? 이런 것에 의해서다. 천하에 금기와 싫어하는 것이 많을수록 백성들이 더 가난해진다. 백성들이 이기를 많이 가질수록 국가는 더욱 혼란스러워진다. 백성들의 기교와 솜씨가 늘어날수록 기이한 물건이 많아진다. 법령이 자세할수록 도적이 많아진다. 그러므로 성인이 말하기를 내가 도에 맞게 일하니(무위) 백성들이 스스로 변화하고, 내가 조용하게 있는 것을 즐기니 백성들은 스스로 바르게 되고, 내가 무위로 일하니(무사) 백성들은 절로 부유해지고, 내가 지나친 욕심을 부리지 않으니(무욕) 백성들은 스스로 소박해진다고 했다.

이 장의 의미

백성들을 다스리는 것은 공정하게 법으로 하고, 용병은 기발한 전략으로 하고, 천하를 얻는 데는 도를 따르는 무위로 일해야 한다(무사)고 했다. 왜 그런가? 백성들이 꺼리고 싫어하는 것이 많을수록 일을 기피해서 더 가난해지고, 백성들이 자신들의 이익만 추구하면 분란이 일어나서 나라는 더 혼란스러워지고, 백성들의 기교가 늘어날수록 기이한 물건들이 더 많이 등장하고, 법을 너무 자세하게 만들면 이를 다 지키기 어려워서 범법자, 도적이 많아지기 때문이다. 성인을 통한 노자의 가르침은 통치자는 도에 맞게 일하고 모범을 보이면(무위) 백성들이 스스로 변하게 되고, 조용하고 안정된 다스림을 펼치면 백성들을 스스로 바르게 되고, 무위로 일하면(무사) 백성들이 스스로 부유하게 되고, 지나친 욕심을 품지 않으면(무욕) 백성들이 스스로 소박해진다는 것이다. 통치자에게 무위의 통치를 하라고 한다.

노자의 가르침

나라를 다스림에는 법으로 하고 용병은 기발한 전술로 하고 모든 일은 도에 맞게 무위로 일하며(무사) 지나친 욕심을 품지 않는(무욕) 통치를 하라는 가르침이다.

이 장의 경구

바름(법)으로 나라를 다스리고, 기발한 책략(전략)으로 용병하고, 무위로 일해서(무사) 천하를 얻어야 한다.

다스림은 법으로 하고 용병은 기발한 전술로 하고 일은 자연의 섭리에 맞게 무사로 해야 천하를 얻을 수 있다.

제58장

정치가 너그러울수록 백성들이 더욱 순박해 지고 정치가 까다로울수록 백성들은 삐뚤어진다

본문

其政悶悶 其民淳淳 其政察察 其民缺缺 禍兮福之所倚 福兮禍之所伏 孰知其極 其無正 正復爲奇 善復爲妖 人之迷其日固久 是以聖人 方而不割 廉而不劌 直而不肆 光而不燿

ꕥ 직역

정치가 너그러울수록 백성들은 더욱 순박해지고, 정치가 까다로울수록 백성들은 더욱 어리석게 된다. 화는 복이 기대어 있는 바이고, 복은 화가 엎드려 있는 것이다. 누가 그 결과를 알겠는가? 이런 것에 바른 것은 없다. 바른 것이 바뀌어 기이한 것이 되기도 하고, 선한 것이 바뀌어 괴이한 것이 되기도 한다. 사람들이 (이렇게) 미혹되는 것은 오래

된 일이다. 그런 까닭에 성인은 모난 것이지만 가르지 않고, 예리하지만 무디게 하지 않고, 곧지만 제멋대로 구부리지 않고, 빛이 있다고 함부로 비추지 않는다.

이 장의 의미

세상의 일은 양면적이다. 빛과 그림자가 있다. 화와 복이 엇갈려 나오기도 한다. 정치가 어눌하면 나쁠 것 같지만 오히려 백성들은 순박해져서 통치가 안정되고, 정치가 깐깐하면 좋을 것 같지만 백성들이 잘 따르지 못해서 통치가 더 어려워진다. 화나 복도 그렇다. 재앙이라 여겼는데 복이 되기도 하고 복이라고 좋아했는데 화가 미치기도 한다. 이런 일은 흔히 일어나는 것이어서 아무도 앞의 일을 알 수 없다. 세상의 일에 정답이 없다. 이에 성인을 통한 노자의 가르침은 모난 것도 쓰일 수 있어서 함부로 가르지 않고, 예리한 것도 쓸모가 있을 수 있어서 무턱대고 잘라내지 않으며, 곧지만 그대로 쓰일 수 있어서 마음대로 구부리지 않고, 빛이 있어도 아무 데나 마구 비추지 않고 필요한 곳에 비춰야 한다고 했다. 앞을 내다보지 못하는 인간은 도, 자연의 원리를 따라야 한다는 의미다.

노자의 가르침

자연의 일, 세상의 일은 인간의 마음대로 할 수 있는

것이 아니다. 앞으로 어떻게 될지 아무도 모른다. 화가 복이 되기도 하고 복이 화가 되기도 한다. 법이 깐깐하면 정치가 잘될 것 같지만 깐깐한 법으로 백성들을 욱조이면 범법자, 도적이 늘어나서(57장) 더 혼란스러워지고 백성들은 법망을 피할 구실을 찾아내서 혼란을 일으킨다. 그래서 느슨한 듯해도 부드러운 통치가 더 좋다. 그러므로 통치는 물론 세상의 일도 자연의 섭리, 도를 따라 순리로 해야 유익하다는 것을 가르친다. 무위사상이다.

이 장의 경구

정치가 어눌할수록 백성들은 더욱 순박해지고, 정치가 꼼꼼할수록 백성들은 더욱 어리석게 된다.

통치는 법이나 기술로만 하는 것이 아니다. 법을 너무 깐깐하게 만들면 백성들이 따르지 못하고 범법자만 늘어난다. 그러므로 넉넉한 법으로 백성들이 쉽게 따를 수 있게 하는 것이 더 좋은 통치다.

제59장

사람을 다스리고 하늘을 섬기는 데는 아끼는 것 만한 것이 없다

본문

治人事天 莫若嗇 夫唯嗇 是謂早服 早服謂之重積德 重積德則無不克 無不克則莫知其極 莫知其極可以有國 有國之母可以長久 是謂深根固柢 長生久視之道

⁂ 직역

사람을 다스리고 하늘의 뜻을 따르는 데 아끼는 것만 한 것이 없다. 대저 오로지 아끼는 것이다. 이를 조복이라 한다. 조복은 덕을 두텁게 쌓는 것이다. 덕을 두텁게 쌓으면 극복하지 못할 것이 없다. 극복하지 못할 것이 없으면 그 (능력의) 끝을 알 수 없다. 그 끝을 알 수 없으면 나라를 가질 수 있다. 나라를 가진 어미는 오래 갈 수 있다. 이를 일러 깊은 뿌리, 튼튼한 근본이고 오래 살고 오래 보살펴 주는 도라고 한다.

이 장의 의미

사람을 다스리고 하늘의 뜻에 맞게 일하는 데 아끼는 것보다 더 좋은 것이 없다. 왜 그런가? 아끼는 것으로 덕을 쌓기 때문이다. 이것이 조복이다. 아끼는 것은 물질만이 아니다. 말도 아낄 수 있고 시간도 아낄 수 있고 정력도 아낄 수 있다. 분노나 과격한 행동을 자제하는 것도 아끼는 것이다. 이런 아낌으로 덕을 두텁게 쌓으면 극복하지 못할 것이 없고 능력이 매우 커져서 나라를 가질 수 있다. 이렇게 덕을 두텁게 쌓아서 된 나라의 어미, 도는 오래 갈 수 있다. 이것이 깊은 뿌리, 튼튼한 근본이고 오래 살고 오래 보살펴 주면서 이어지는 도다.

노자의 가르침

아끼는 삶으로 덕을 쌓으면 그 끝을 알 수 없는 능력이 생겨서 나라를 다스릴 수 있다. 이런 덕으로 나라를 다스리면 오래간다. 근본이 깊고 견고하게 뿌리를 내린 오래 살고 오래 보살펴 주면서 이어지는 도와 같아지기 때문이다. 그러므로 사람을 다스리고 하늘을 섬기는 데 아끼는 것 즉, 덕을 쌓아 덕을 행하는 것보다 더 좋은 것이 없다. 이런 덕은 누구에게나 다 필요하지만, 통치자에게 요구되는 덕이라는 것이 노자의 가르침이다. 이런 아낌의 통치인 덕치는 그 뿌리가 도와 같아서 무위의 통치와 다르지 않다.

이 장의 경구

사람을 다스리고 하늘의 뜻을 따르는 데 아끼는 것만 한 것이 없다.

아끼는 것은 물질만이 아니다. 시간, 정력, 감정, 힘도 아낄 수 있다. 백성들을 다스리고 하늘을 섬기는 데 아껴서 이루는 덕에 비할 것이 없다.

제60장

큰 나라를 다스리는 것은
작은 생선을 익히는 것과 같다

본문

治大國 若烹小鮮 以道涖天下 其鬼不神 非其鬼不神 其神不傷人 非其神不傷人 聖人亦不傷人 夫兩不相傷 故德交歸焉

❀ 직역

큰 나라를 다스리는 것은 작은 생선을 익히는 것과 같다. 도가 천하에 임하면 그 귀신도 신통력을 나타내지 못한다. 그 귀신이 신통력이 없어서가 아니라 신통력이 있어도 사람을 해칠 수 없기 때문이다. 그 신통력이 아닌 것은 사람을 상하게 하지 않는다. 성인(통치자) 역시 사람을 상하게 하지 않는다. 대저 둘 다(귀신이 아닌 것과 통치자) 상하게 하지 않는다. 그러므로 그 덕이 서로(통치자와 백성)에게 돌아간다.

이 장의 의미

큰 나라를 다스리는 것을 작은 생선을 익히는 것에 비유했다. 작은 생선을 익힐 때 조심스럽게 다루어야 하듯 대국을 다스리는 것도 조심스럽게 해야 한다는 의미로 풀이한다. 잘 이해되는 풀이이지만 전체 문장의 맥락으로 보면 이런 피상적인 의미로 말한 것이 아님을 알 수 있다. 도가 온 나라에 임한다는 것, 귀신의 신통력, 사람을 해치고 상하게 한다는 것, 통치자(성인)도 사람을 해치지 않는다는 것, 덕의 이로움이 통치자와 백성들에게 돌아간다는 것들은 작은 생선을 조심스럽게 요리하는 것과 관련이 없다. 그러면 "큰 나라를 다스리는 것은 작은 생선을 익히는 것과 같다"는 것은 무슨 뜻인가? 작은 생선을 익히는 것은 나름대로 그 방식, 원리가 있다. 마찬가지로 큰 나라를 다스리는 것은 큰 나라에 맞는 원리 즉, 도로 다스려야 한다는 의미다. 큰 나라를 다스리는데 작은 생선을 요리하듯 조심스럽게만 해서는 되지 않는다. 도로 다스려야 한다. 도로 천하에 군림하면 그 귀신이 신통력을 나타내지 못하고 사람을 상하게 하지 못하고 통치자 역시 사람을 상하게 하지 않는다. 도로 대국을 다스려야 아무도 해를 입지 않고 이롭다. 도로 대국을 통치하면 그 덕의 이로움이 통치자와 백성들에게 돌아간다는 의미다.

노자의 가르침

큰 나라를 다스리는 것은 작은 생선을 익히는 것과 같다고 했다. 이런 작은 생선을 익히는 방식이 있듯이 큰 나라를 다스리는 것도 이에 맞는 원리로 해야 한다. 그 원리가 도다. 노자의 가르침은 큰 나라는 도로 통치하면 그 덕의 이로움이 통치자와 백성들에게 돌아간다는 것이다. 큰 나라는 도로 통치해야 유익하다는 가르침이다.

이 장의 경구

큰 나라를 다스리는 것은 작은 생선을 익히는 것과 같다.

큰 나라를 다스리는 원리는 작을 생선을 익히는 원리와 같다. 작은 생선을 익히는 원리가 있듯이 큰 나라는 도의 원리로 다스려야 한다.

제61장

큰 나라는 하류다.
천하가 모여 사귀는 곳,
세상의 암컷이다

본문

大國者下流 天下之交 天下之牝 牝常以靜勝牡 以靜爲下 故大國以下小國 則取小國 小國以下大國 則取大國 故或下以取 或下而取 大國不過欲兼畜人 小國不過欲入事人 夫兩者各得其所欲 大者宜爲下

❀ 직역

큰 나라는 하류다. 천하가 모여 사귀는 곳, 세상의 암컷이다. 암컷은 언제나 조용함으로 수컷을 이기고, 조용함으로 아래가 된다. 그러므로 대국은 (소국에) 낮추어서 소국을 얻고, 소국은 (대국의) 아래로 들어가서 대국을 얻는다. 그러므로 혹은 (의도적으로) 낮추어서 얻고 혹은 (당연히) 낮춤으로 얻는다. 대국은 (소국의) 사람들을 모아 기르려는 것에 불과하고, 소국은 (대국) 밑에 들어가 사람들을 섬기기를 바라는 것뿐이다. 대저 이 두 나라가 각각 바라는 바를 얻으려면 마땅히 큰 나라가 낮추어야 한다.

이 장의 의미

대국과 소국이 상생하는 지혜를 암, 수의 관계로 비유한다. 대국은 아래로 흘러 모든 것을 포용해서 여러 나라가 모여서 사귀는 곳이고 천하의 암컷이다. 암컷은 조용하게 수컷의 아래에 들어가서 수컷을 사로잡는다. 대국은 암컷이 되어 힘이 아닌 포용력으로 소국을 품어야 하고, 소국은 약하므로 당연히 대국의 품으로 들어가 도움을 받아야 한다. 대국은 사람을 모아 기르려는 것에 불과하고, 소국은 큰 나라 밑에 들어가 잘 지내기를 바라는 것에 불과하다. 이처럼 각자의 사정에 맞게 상생하는 길을 가야 한다. 이런 경우 항상 큰 나라가 작은 나라의 아래로 들어가는 아량을 베풀어야 한다고 했다. 몸을 뒤에 두는 "후기신"이 아니라 몸을 아래에 두는 "선위하"다. 이런 아량을 베풀어야 대국이다. 노자 사상에서 아래가 되는 것의 의미다.

노자의 가르침

노자는 강의 하류나 암, 수 같은 자연을 비유로 큰 나라는 작은 나라를 포용하고 작은 나라는 큰 나라를 받들어서 공존하는 것이 이치에 맞는다고 가르친다. 대국과 소국이 다 원하는 것을 얻으려면 대국이 아량을 베풀어야 한다고 했다. 언제나 높은 지위에 있는 자, 가진 자, 배운 자가 아량을 베푸는 것이 하늘의 뜻, 자연의 섭리에 부합한다는 것이 노자의 가르침이다.

이 장의 경구

대저 이 두 나라가 각각 바라는 바를 얻으려면 마땅히 큰 나라가 아래로 들어가야 한다.

대국과 소국이 각각 원하는 바를 얻어서 잘 지내려면 큰 나라가 작은 나라의 아래로 들어가는 아량을 베풀어야 한다. 큰 나라가 작은 나라를 품어야 평화가 온다.

제62장

도는 만물의 근본이어서
선한 사람에게는 보배요
선하지 못한 사람들에게는
지녀야 할 바다

본문

道者萬物之奧 善人之寶 不善人之所保 美言可以市尊行可以加人 人之不善 何棄之有 故立天子置三公雖有拱璧以先駟馬 不如坐進此道 古之所以貴此道者何 不曰求以得 有罪以免邪 故爲天下貴

※ 직역

도는 만물의 근본이다. 선한 사람의 보배요 선하지 못한 사람이 지녀야 할 바다. 아름다운 말은 가치가 있고, 존경하는 행위는 사람에게 보탬이 된다. 사람이 선하지 못하다고 해서 어찌 버릴 수 있겠는가? 그러므로 천자를 세우고 삼공을 둘 때 비록 큰 옥을 두 손으로 받쳐 들고 네 마리 말이 끄는 마차 앞에 가는 것은 정좌하고 이 도를 바치는 것만 못하다. 옛날부터 이 도를 귀하게 여겨온 것은 어째서인가? 구하면 얻을 수 있고 죄가 있어도 면할 수 있다고 하지 않았는가? 그러므로 (도가) 온 세상에서 귀하다.

이 장의 의미

도는 만물의 근본이어서 선한 사람에게는 보배이고 선하지 못한 사람에게도 역시 갖추어야 할 바다. 이 도로 구하면 무엇이든지 얻을 수 있고 이 도를 따르면 어떤 잘못이나 위험을 면할 수 있어서 선한 사람이나 선하지 않은 사람도 이 도를 따르는 것이 세상의 어떤 보물을 갖는 것보다 좋다. 불선하다고 해서 사람을 버릴 수 없다. 그들도 이 도를 따르면 그 혜택을 볼 수 있기 때문이다. 그러므로 천자를 세우고 삼공을 둘 때 귀한 보물을 바치는 것보다 이 도를 바치는 것이 더 좋다. 천자도 이 도를 따르면 모든 것을 얻을 수 있고 위험을 면할 수 있기 때문이다. 도는 누구에게나 귀한 보물이다.

노자의 가르침

도는 만물의 근본이어서 선한 사람이나 불선한 사람이나 천자에게나 다 보물이 된다. 도를 따르면 어떤 잘못이나 위험을 면할 수 있기 때문이다. 이처럼 누구든지 도를 보배로 갖고 있는 것이 세상에서 가장 귀한 것이라는 가르침이다.

이 장의 경구

도는 만물의 근본이어서 선한 사람에게는 보배요 선하지 못한 사람에게는 이를 지녀야 할 바다.

도는 만인이 지녀야 할 보배다.

제63장

무위를 행하고 무사로 일하며 무미로 맛을 삼는다

본문

爲無爲 事無事 味無味 大小多少 報怨以德 圖難於其易 爲大於其細 天下難事必作於易 天下大事 必作於細 是以聖人 終不爲大 故能成其大 夫輕諾必寡信 多易必多難 是以聖人猶難之 故終無難矣

※ 직역

도를 따라 행하고(무위), 도를 따르는 무위로 일하며(무사), 맛이 없는 그 맛을 고유한 맛으로 맛본다(무미). 큰 것을 작게 하고, 많은 것을 적게 한다. 덕으로 원한을 갚는다. 어려운 일은 쉬운 것에서 도모하고, 큰일은 미미할 때 해야 한다. 세상의 어려운 일은 반드시 쉬울 때 시작되고 세상에서 큰일은 반드시 작을 때 시작된다. 이런 까닭에 성인은 끝내 일을 크게 벌이지 않는다. 그러므로 능히 큰 것을 이룬다. 대저 가벼운 대답은 반드시 믿음이 적고, 쉬운 것이 많으면 반드시 어려움이 많게 된다. 이런 까닭에 성인은 오히려 (쉬운 일도) 어렵게 여긴다. 그러므로 끝내 어려움이 없다.

이 장의 의미

세상의 모든 일은 다 자연의 원리, 도로 이루어져서 도를 따라야 모든 것을 이룰 수 있다는 것을 말한다. 이런 이치를 위무위, 사무사, 미무미로 설명한다. 위무위는 아무것도 하지 않는 것이 아니라 작위적이지 않고 도, 자연의 원리에 맞게 행하는 것이고 사무사의 무사는 일을 하지 않는 것이 아니라 무위로 일하는 것(無爲之事, 2장) 즉, 도, 자연의 원리에 맞게 일한다는 의미다. 미무미는 무슨 뜻인가? 미무미는 단순히 맛이 없는 것을 맛본다는 의미를 넘어 맛이 없는 그 맛을 자연의 고유한 맛으로 맛본다는 의미다. 무미는 자연의 여러 맛 중의 하나라는 의미다. 이런 무위, 무사, 무미의 무는 없다는 의미를 넘어 도, 자연의 원리에 맞게 한다는 의미를 만든다. 세상의 어려운 일은 늘 쉬운 것에서 시작되고, 큰일은 늘 작은 것에서 비롯되고 가벼운 대답은 반드시 믿음이 적은 법이다. 성인을 통한 노자의 가르침은 처음부터 일을 크게 벌이지 않고 쉬운 것도 신중하게 처리해서 끝내 어려움을 겪지 않는 다는 것이다.

노자의 가르침

모든 일은 자연의 원리인 도에 맞게 해야 실패하지 않는다. 그러므로 모든 행위(爲), 일하는 것(事), 맛보는 것(味)을 자연의 원리, 도에 맞게 해야 한다는 가르침이다. 무위는 도, 자연법칙에 맞게 행하는 것이고, 무사는 자연법칙에 맞게 일하는 것이고, 무미는 맛이 없다는 그 맛을 자연의 고유한 맛으로 맛본다는 의미다. 성인을 통한 노자의 가르침은 항상 일을 크게 벌이지 않고 쉬운 것도 신중하게 처리해서 끝내 어려움을 겪지 않고 잘 이루어야 한다는 것이다.

이 장의 경구

무위로 행하고(위무위), 무위로 일하며(사무사), 무미로 맛을 삼는다(미무미).

세상만사 저절로 이루어지는 것 같아도 다 도, 자연법칙의 원리로 이루어진다. 그러므로 모든 행위는 도, 자연법칙에 맞게 행하고(무위), 일은 자연의 원리에 맞게 해야 하며(무사), 맛이 없는 그 맛을 자연의 고유한 맛으로 맛보아야 한다(무미).

제64장

안정된 것은 유지하기 쉽고
징조가 나타나지 않은 것은
꾀하기 쉬우며…

본문

其安易持 其未兆易謀 其脆易泮 其微易散 爲之於未有 治之於未亂 合抱之木 生於毫末 九層之臺 起於累土 千里之行 始於足下 爲者敗之 執者失之 是以聖人 無爲故無敗 無執故無失 民之從事常於幾成而敗之 愼終如始 則無敗事 是以聖人欲不欲 不貴難得之貨 學不學 復衆人之所過 以輔萬物之自然而不敢爲

직역

안정된 것은 유지하기 쉽고, 조짐이 나타나지 않은 것은 도모하기 쉬우며, 무른 것은 녹이기 쉽고, 미세한 것은 흐트러뜨리기 쉽다. 일은 아직 일어나기 전에 하고 혼란이 일어나기 전에 다스려야 한다. 아름드리나무도 털끝 같은 씨앗에서 나오고 구층 누대도 한 삽의 흙을 쌓아서 세우고 천리 길도 발아래서 시작한다. 작위로 행하는 자는 실패하고 작위로 잡는 자는 놓친다. 이에 성인은 작위로 하지 않아서(무위) 실패하지 않고, 자연의 원리에 맞게 잡아서(무집) 놓치지 않는다. 사람들이 하는 일은 늘 다 이루어질 때쯤에 실패한다. 시작할 때처럼 신중하게 하면 실패하는 일이 없다. 그러므로 성인은 욕심내지 않으려는 욕심만 낼 뿐 얻기 어려운 재화를 귀하게 여기지 않고. 전에 배우지 못한 것을 배워서 많은 사람들이 잘못한 것을 돌이키게 하고 만물이 스스로 그러하도록 도와주지만 감히 하려고 하지 않는다.

이 장의 의미

노자의 사상이 자연과 자연현상의 원리에 기반을 두고 있음을 보여준다. 모든 일은 일어나는 원리와 과정이 있으므로 그 원리에 맞게 해야(무위)실패하지 않는다고 했다. 천리 길도 한 걸음에서 시작하고 높은 건물도 한 삼태기의 흙을 쌓는 데서 이루어지고 아름드리나무도 털끝 같은 작은 씨앗에서 나온다. 그러므로 자연의 원리, 도에 맞게 해야(무위) 실패하지 않고 잡는 원리에 맞게 잡고 있어야(무집) 놓치지 않는다. 그러나 사람들은 이런 이치를 잊고 일이 다 되어 갈 때쯤에 소홀이 해서 일을 그르친다. 노자는 자연의 원리를 끝까지 따르는 무위를 강조한다. 성인을 통한 노자의 가르침은 얻기 어려운 재화를 귀하게 여기지 말고 전에 미처 알지 못했던 것을 배워서 사람들이 잘못한 것을 돌이키도록 하고 만물이 스스로 움직일 수 있도록 도와주지만 감히 나서지 않아야 한다는 것이다. 사람들은 자연의 원리를 따라야 한다는 의미다.

노자의 가르침

모든 일은 저절로 이루어지는 것 같지만 다 원리에 따라 이루어진다. 그 원리가 도, 자연법칙이다. 그러므로 모든 일은 이 도에 맞게 무위로 해야 실패하지 않는다. 그래서 노자는 다른 욕심이 없이 오직 만물이 도의 원리를 따라 스스로 그러하도록 도와줄 뿐 간섭하지 않는다. 노자의 가르침은 도, 자연법칙을 따라야 한다는 것이다.

이 장의 경구

아름드리나무도 털끝 같은 싹에서 나오고 구층 누대도 흙을 쌓아서 세우고 천 리 길도 발아래에서 시작한다.

아무리 큰 것도 시작은 보잘 것 없지만 다 도, 자연의 원리로 이루어진다.

제65장

옛날에 도를 잘 행한 통치자는
백성들을 깨우치려 하지 않고
오히려 어리석게 하려고 했다

본문

古之善爲道者 非以明民 將以愚之 民之難治 以其智多 故以智治國 國之賊 不以智治國 國之福 知此兩者亦稽式 常知稽式 是謂玄德 玄德深矣遠矣 與物反矣 然後乃至大順

ꕥ 직역

옛날에 도를 잘 행한 자(통치자)는 백성들을 깨우치려 하지 않고 (오히려) 어리석게 하려고 했다. 백성들을 다스리기 어려운 까닭은 (백성들이) 아는 것이 많기 때문이다. 그러므로 지모로 나라를 다스리는 것은 나라에 해가 되고 지모가 아닌 것으로 나라를 다스리는 것은 나라에 복이 된다. 이 두 가지를 모두 아는 것이 계식이다. 이 계식을 늘 아는 것을 현덕이라 한다. 현덕은 매우 심원해서 세상의 일에 반하지만 그런 후에 대순에 이른다.

이 장의 의미

옛날에 도를 잘 행한 통치자는 백성들을 깨우치려 하기보다 오히려 어리석게 하려고 했다. 이 말은 통치자가 백성들을 지적으로 어리석게 한다는 의미가 아니다. 통치자가 지모나 술수로 다스린다는 것을 백성들이 알지 못하게 한다는 의미다. 백성들이 통치자가 지모나 술수로 다스린다는 것을 알면 통치자를 신뢰하지 않아서 다스리기 어렵다. 그래서 통치자들은 백성들이 이를 알지 못하게 하려고 한다. 그러나 노자는 보다 근본적인 해결책을 제시한다. 아예 지모나 술수가 아닌 현덕으로 통치하면 된다고 했다. 지모나 술수로 나라를 다스리면 나라에 해가 되고 지모나 술수로 나라를 다스리지 않으면 나라에 복이 된다. 이 두 가지를 아는 것을 계식이고 이 계식을 항상 아는 것을 현덕이라고 했다. 이 현덕은 심원해서 세상의 일과 반대로 보이지만 그런 후에 대순에 이른다고 했다. 현덕으로 다스리면 나라의 복이 되고 백성들의 이로움이 커지는 순리에 이르는데 백성들을 어리석게 할 필요가 없다는 의미다.

노자의 가르침

통치자들은 자신들이 지모나 술수로 다스린다는 것을 백성들이 알면 백성들을 다스리기 어렵다는 것을 안다. 그래서 이를 알지 못하게 하려고 한다. 그러나 노자는 아예 지모나 술수로 다스리지 않는 것이 나라에 복이 되고 지모나 술수로 다스리면 나라에 해가 된다는 것을 항상 아는 현덕으로 다스리라고 했다. 얼핏보면 세상의 일에 반하는 것 같지만 백성들의 이로움이 커지는 큰 순리에 이른다는 가르침이다. 덕의 통치를 하라는 가르침이다.

이 장의 경구

그러므로 지모로 나라를 다스리는 것은 나라에 해가 되고 지모가 아닌 것으로 나라를 다스리는 것은 나라에 복이 된다.

통치는 지모나 술수 같은 기술로 하는 것이 아니고 덕으로 해서 백성들에게 이로움을 주어야 한다. 지모나 술수가 아닌 현덕으로 통치하면 나라와 백성들에게 복이 된다.

제66장

강과 바다가 모든 계곡의 왕이 되는 까닭은 아래로 잘 낮추기 때문이다

본문

江海所以能爲百谷王者 以其善下之 故能爲百谷王 是以欲上民 必以言下之 欲先民 必以身後之 是以聖人 處上而民不重 處前而民不害 是以天下樂推而不厭 以其不爭 故天下莫能與之爭

직역

강과 바다가 모든 계곡의 왕이 되는 까닭은 잘 낮추어 아래가 되기 때문이다. 그러므로 능히 모든 계곡의 왕이 될 수 있다. 이런 까닭에 백성들의 위가 되려고 하면 반드시 말을 낮추어야 하고 백성들을 앞서려고 하면 반드시 몸을 뒤에 두어야 한다. 이런 까닭에 성인은 백성들의 위에 있어도 짐이 되지 않고 앞에 있어도 백성들에게 방해가 되지 않는다. 이런 까닭에 온 세상 사람들이 그를 받들기를 즐거워하고 싫어하지 않는다. 그런 까닭에 다투지 않는다. 그러므로 온 세상이 그와 쉽게 다툴 수 없다.

이 장의 의미

강과 바다가 모든 계곡의 왕이 되는 까닭은 늘 낮은 곳에 있기 때문이다. 그러므로 성인을 통한 노자의 가르침은 통치자가 백성들을 다스리려면 반드시 말을 낮추어야 하고 백성들을 앞서려면 반드시 몸을 뒤에 두어서 백성들에게 짐이나 해가 되지 않게 해야 한다는 것이다. 통치자가 백성을 다스리는 데 권위가 필요하지만, 낮은 강과 바다가 백곡의 왕이 되듯 낮은 자세, 겸양의 자세로 백성들을 다스리면 백성들이 싫어하지 않고 다툼이 생기지 않아서 잘 다스릴 수 있다는 의미다.

노자의 가르침

강과 바다가 늘 낮은 곳에 있어서 모든 계곡의 왕이 되는 것처럼 통치자는 자신을 낮추고 겸양의 자세로 백성들과 소통하고 통치해야 한다는 가르침이다. 몸을 뒤에 두는 것(7장), 감히 천하의 앞에 나서지 않는 것(67장), 마땅히 낮추는 것(61장)과 상통하는 가르침이다.

이 장의 경구

이런 까닭에 백성들의 위가 되려고 하면 반드시 말을 낮추어야 하고 백성들을 앞서려고 하면 반드시 몸을 뒤에 두어야 한다.

통치자는 항상 말을 낮추고 몸을 뒤에 두고 백성들을 먼저 생각하고 겸양의 덕으로 백성들을 대해야 한다.

제67장

온 세상 사람들은 모두 나의 도가 크지만 닮지 않은 것 같다고 한다

본문

天下皆謂我道大似不肖 夫唯大 故似不肖 若肖久矣 其細也夫 我有三寶 持而保之 一曰慈 二曰儉 三曰不敢爲天下先 慈故能勇 儉故能廣 不敢爲天下先 故能成器長 今舍慈且勇 舍儉且廣 舍後且先 死矣 夫慈以戰則勝 以守則固 天將救之 以慈衛之

⊛ 직역

세상 사람들은 모두 나의 도가 크지만 (좋은 것과) 닮지 않은 것 같다고 한다. 대저 오로지 크다고 한다. 그러므로 닮지 않은 것 같다고 한다. 만약 (다른 것과) 닮았다면 오래전에 작고 보잘것없게 되었을 것이다. 나는 세 가지 보물을 갖고 이를 늘 지니고 있다. 첫째 자애, 둘째 검소함 그리고 셋째 감히 세상에 나서지 않는 것이다. 자애로 능히 용감할 수 있고 검소함으로 능히 널리 베풀 수 있으며 감히 세상에 앞서지 않음으로 능히 온 세상의 우두머리가 될 수 있다. 그러나 지금은 자애를 버리고 용감해 지려 하고, 검소함을 버리고 널리 베풀려고 하며, 뒤에 서는 것을 버리고 앞에 나서려고 한다. 그러면 죽음이다. 대저 자애로 싸우면 이기고 이로써 지키면 견고하다. 하늘이 장차 도우려면 자애로 지켜줄 것이다.

이 장의 의미

노자는 도와 살면서 지녀야 할 보물과 부전사상을 말한다.

첫째, 도는 크다는 것이다. 도는 그 위력이 커서 다른 무엇과 비교할 수 없다. 만일 이 도가 세상의 무엇과 닮았다면 이미 오래전에 보잘것없이 작게 되었을 것이라고 했다. 도, 자연법칙은 항상 천하 만물의 운행을 관장하는 위력이 있어서 다른 무엇과 닮을 수 없다. 도의 위력이 크다는 것이다.

둘째, 살면서 지녀야 할 자애, 검약, 그리고 감히 세상에 나서지 않음의 세 가지 보물이 삶에서 중요하다는 것이다. 자애로 용감해질 수 있고 검소함으로 능히 널리 베풀 수 있으며 감히 세상에 앞서 나서지 않음으로 능히 세상의 지도자가 될 수 있다. 그러나 사람들은 이런 보물이 얼마나 소중한 것인지 모르고 자애를 버리고 용감해지려고 하고, 검소함을 버리고 마구 베풀려고 하고, 뒤에 서는 것을 버리고 앞서려고 한다. 그러면 죽는다. 용감하게 앞에 나서서 감행하는 것은 도, 자연의 원리에 반하는 것이어서 죽는다(73장). 그러므로 이 세 가지 보물을 항상 지니고 행해야 위태롭지 않다.

셋째, 부전사상이다. 자애로 싸우면 이기고 자애로 지키면 견고하고 하늘이 자애로 지켜준다고 했다. 세상에 자애로운 전쟁, 피를 흘리지 않는 전쟁, 재앙이 아닌 전쟁이 있는가. 없다. 자애로 싸워도 피를 흘리고 재앙이 따른다. 싸워서 피를 흘리지 않는 방법은 하나밖에 없다. 아예 싸우지 않는 것이다. 그러면 피를 흘리지 않고 이기는 것과 같다. 이 말은 아예 싸우지 않아야 한다는 의미다. 노자의 부전사상이다.

노자의 가르침

노자의 도는 천하 만물의 운행을 관장하는 위력이 있어서 다른 무엇과 닮을 수 없다는 것을 말하고 세상을 살아가는데 자애, 검약, 감히 앞에 나서지 않음의 세 가지 보물을 지녀야 한다고 했다. 그리고 자애로 싸우면 이기고 이로써 지키면 견고하다는 말로 자애심으로 아예 싸우지 않아야 한다는 부전사상을 가르치고 있다.

이 장의 경구

나는 세 가지 보물을 갖고 이를 지니고 있다. 첫째 자애, 둘째 검소함 그리고 셋째 감히 세상 사람들을 앞서지 않는 것이다.

자애, 검소함, 감히 천하에 나서지 않음의 노자의 보물은 누구나 지녀야 할 보물이다.

제68장

뛰어난 장수는 무력을 쓰지 않고
잘 싸우는 자는 분노하지 않으며
적을 잘 이기는 자는
맞서 싸우지 않는다

본문

善爲士者不武 善戰者不怒 善勝敵者不與 善用人者爲之下 是謂不爭之德 是謂用人之力 是謂配天古之極

❀ 직역

뛰어난 무사는 무력을 쓰지 않고 잘 싸우는 자는 분노하지 않으며 적을 잘 이기는 자는 맞서 싸우지 않는다. 사람을 잘 부리는 자는 자기를 낮춘다. 이를 일러 싸우지 않음의 덕이라 하고 이를 일러 사람을 쓰는 능력이라 하고 이를 일러 하늘과 짝짓는 오래된 지극함의 경지라고 한다.

이 장의 의미

유능한 장수는 무력을 쉽게 드러내지 않고, 잘 싸우는 자는 전략도 없이 홧김에 싸우지 않으며 적을 잘 이기는 자는 무턱대고 싸움판에 끼어들지 않는다. 전쟁을 무기로만 하는 것이 아니고 적개심만으로 이길 수 없으며 판판히 맞붙어서 싸워야만 하는 것이 아니다. 정말로 잘 싸우는 것은 싸우지 않는 것이다. 사람을 잘 쓰는 사람은 자기를 낮춘다. 자제하는 덕을 갖춘 사람이다. 싸움을 해서 피를 흘리고 이기는 장수보다 냉철한 판단과 자신을 낮추고 자제하는 덕으로 싸우지 않는 장수가 더 유능한 장수다. 이것이 싸우지 않음의 덕, 사람을 쓰는 능력이고 하늘의 뜻에 부합하는 오래된 지극한 원리다.

노자의 가르침

전쟁의 참상을 생각해서 경솔하게 전쟁을 일으키거나 개입하지 말아야 한다는 가르침이다. 자신을 낮추고 싸우지 않는 것이 덕이고 용인의 능력이고 하늘과 짝짓는 것이라고 했다. 반전사상, 싸우지 않음의 덕을 가르친다.

이 장의 경구

뛰어난 무사는 무력을 쓰지 않고, 잘 싸우는 자는 분노하지 않으며, 적을 잘 이기는 자는 맞서지 않는다.

힘이 있어도 적과 맞서 싸우지 않는 장수가 유능하고 덕이 있는 장수다.

제69장

용병에 이런 말이 있다

본문

用兵有言 吾不敢爲主而爲客 不敢進寸而退尺 是謂行無行 攘無臂 扔無敵 執無兵 禍莫大於輕敵 輕敵幾喪吾寶 故抗兵相加 哀者勝矣,

직역

용병에 관한 이런 말이 있다. 나는 감히 주인이 되지 않고 손님이 되며 감히 한 치를 앞으로 나가지 않고 한자를 물러난다. 이를 일러 나아가지 않고 나아가는 것이고 팔 없이 물리치는 것이며 불러들일 적이 없는 것이고 없는 병기를 잡는 것이라 한다. 적을 가볍게 보는 것보다 더 큰 화는 없다. 적을 가볍게 보면 나의 보물을 잃는 것과 비슷하다. 그러므로 힘이 비슷한 군대가 맞서면 애통해하는 자가 이긴다.

이 장의 의미

노자는 용병에 대한 말을 인용해서 전술, 전략의 중요성, 적을 얕보는 것의 위험성, 전투에서 정신무장의 중요성을 말한다.

첫째, 적이 침입하면 주인행세 하지 말고 손님처럼 행세해서 한 치를 앞으로 나가는 대신 한자를 물러난다. 이것이 나아가지 않고 나아가는 것이고 대적하지 않고 물리치는 것이며 없는 병기를 잡고 싸우는 것이라고 했다. 전술, 전략을 갖고 싸움에 임하라는 말이다. 전쟁은 무기만으로 하는 것이 아니다. 머리로도 한다. 불리하면 수비 위주로 가거나 지연전술을 쓰는 것이 유리하다. 적을 깊숙이 불러들여 유리한 여건을 만들어 싸우는 후퇴도 전략이다.

둘째, 적을 가볍게 보면 큰 화를 입고 자신의 귀중한 보물을 잃는 것과 같다고 했다. 세상에 가벼운 적수는 없다. 그러므로 언제나 적을 가볍게 보지 말고 대비해야 하고 적을 깔보고 섣불리 건드리지 말아야 한다.

셋째 전쟁에서 정신력의 중요성을 말한다. 힘이 비슷한 군대가 싸우면 애통해하는 자가 이긴다고 했다. 전쟁의 비극을 통감하고 필승의 신념으로 정신무장을 갖춘 자가 승리한다는 의미다. 정신무장은 전투의 승패를 좌우하는 중요한 전력이다.

노자의 가르침

노자는 용병에 관한 말을 인용해서 전쟁에 임하는 자세를 가르치고 있다. 전술, 전략을 갖고 대적해야 한다는 것, 항상 적을 가볍게 보지 말아야 한다는 것, 전쟁의 참상을 잊지 않고 강한 정신무장으로 승리해야 한다는 가르침이다. 전쟁으로 고통을 당하는 백성들을 가장 중요하게 여기는 노자의 애민사상, 노자의 전쟁관을 보여준다.

이 장의 경구

그러므로 힘이 비슷한 군대가 싸울 때는 애통해하는 자가 이긴다.

힘이 비슷한 군대가 싸우면 전쟁의 비극을 통감하고 필승의 신념으로 정신무장을 갖춘 군대가 이긴다. 정신무장은 강력한 전투력을 발휘한다.

제70장

나의 말은 매우 알기 쉽고
매우 행하기도 쉬운데
세상 사람들은 잘 알지도 못하고
잘 행하지도 못한다

본문

吾言甚易知 甚易行 天下莫能知 莫能行 言有宗 事有君 夫唯無知 是以不我知 知我者希 則我者貴 是以聖人被褐懷玉

⊛ 직역

나의 말은 매우 알기 쉽고 매우 행하기도 쉬운데 세상 사람들은 잘 알지도 못하고 잘 행하지도 못한다. 말에는 근원이 있고 일에는 주체가 있다. 대저 오로지 (이런 이치를) 알지 못한다. 이런 까닭에 나를 알지 못하고 나를 아는 자는 드물고 나를 본받는 자는 귀하다. 이런 까닭에 성인은 허름한 옷을 입고 있지만 보석을 품고 있다.

이 장의 의미

나의 말, 노자의 말은 매우 알기 쉽고 따르기도 쉬운데도 사람들은 이를 알지 못하고 따르려는 자도 없다고 했다. 말에는 근원이 있고 일에는 주체가 있다. 그 말의 근원이 노자이고 그 주체도 노자인데 아무도 이를 알지 못한다고 한다. 성인 즉, 노자는 보석을 품고 있는데도 사람들은 그저 허름한 옷을 입고 있는 사람으로 볼 뿐이라고 했다. 노자는 이처럼 보석 같은 가르침을 펼치는데도 백성들이 이를 알지도 못하고 따르는 사람이 없는 것을 탄식하고 있다. 노자는 성인이 자기 자신임을 말한다.

노자의 가르침

노자의 말은 매우 알기 쉽고 행하기도 매우 쉬운데, 사람들은 잘 알지도 못하고 따르려 하지도 않는다고 했다. 노자는 보석을 품고 있는데도 그저 허름한 옷을 입고 있는 사람으로 보고 있음을 탄식한다. 노자는 허름한 옷을 입고 있지만 보석을 품고 있는 사람이라는 말이다.

이 장의 경구

이런 까닭에 성인은 허름한 옷을 입고 있지만 보석을 품고 있다.

노자의 허름한 겉모습을 보지 말고 품고 있는 귀한 보석을 보아야 한다.

제71장

모른다는 것을 아는 것이 가장 좋은 것이다

본문

知不知上 不知知病 夫唯病病 是以不病 聖人不病 以其病病 是以不病

직역

알지 못한다는 것을 아는 것이 가장 좋다. 알지 못하는 것을 안다고 하는 것은 병이다. 대저 오로지 병을 병으로 알면 이런 까닭에 병이 아니다. 성인은 병이 없다. 그 병을 병으로 여기기 때문이다. 이런 까닭에 병이 없다.

이 장의 의미

자기가 알지 못한다는 것을 아는 것은 중요하다. 그래야 잘못된 것을 고치고 새로운 것, 모르는 것을 배울 수 있다. 그러나 자기가 알지 못하는 것을 안다고 하면 그것은 병이다. 병은 고쳐야 탈이 없다. 그러나 성인 즉, 노자는 이런 병이 없다. 병을 병으로 알기 때문이다. 자기가 알고 모르는 것을 제대로 알아야 잘못을 범하지 않고 바른길을 갈 수 있다.

노자의 가르침

알고 모르는 것을 확실하게 아는 것이 진짜 아는 것이라는 가르침이다. 누구에게나 해당되는 말이지만 통치자나 지도층 인사에게 중요한 가르침이다. 이들이 잘못 아는 것으로 세상을 다스리고 이끌면 온 나라, 백성들에게 피해를 주기 때문이다.

이 장의 경구

알지 못한다는 것을 아는 것이 가장 좋다.

자기가 알지 못한다는 것을 아는 것이 진정한 앎이다.

제72장

백성들이 위엄을 두려워하지 않으면 큰 위엄에 이른다

본문

民不畏威 則大威至 無狎其所居 無厭其所生 夫唯不厭 是以不厭 是以聖人 自知不自見 自愛不自貴 故去皮取此

❀ 직역

백성들이 (통치자의) 위엄을 두려워하지 않으면 (통치자는) 큰 위엄에 이른다. (통치자는) 백성들이 사는 곳을 업신여기지 않고 그들의 삶을 싫어하지 않아야 한다. 대저 오로지 싫어하지 않아야 한다. 이런 까닭에 (백성들은 통치자를) 싫어하지 않는다. 이런 까닭에 성인은 자신을 알고 자신을 드러내지 않으며, 자신을 사랑하고 자신을 귀하게 여기지 않는다. 그러므로 (통치자는) 자신을 드러내고 자신을 귀하게 여기는 저것을 버리고 자신을 알고 자신을 사랑하는 이

것을 취한다.

이 장의 의미

통치자들은 백성들이 두려워하는 권위와 위엄으로 다스린다. 그러나 백성들이 두려워하지 않는 통치자의 위엄도 있다. 통치자가 백성들을 사랑하고 배려해서 백성들이 좋아하고 잘 따르면 위엄으로 다스리는 것과 다르지 않다. 이것이 백성들이 두려워하지 않는 통치자의 큰 위엄이다. 그러므로 성인을 통한 노자의 가르침은 통치자는 자신을 귀하게 여기고 위엄을 내세워서 백성들을 위압적으로 다스리지 말고, 자신을 알고 사랑하는 마음으로 다스려서 백성들로부터 신뢰를 얻어 통치하라는 것이다. 통치자가 버려야 할 것은 자신의 위엄을 드러내고 자신을 귀하게 여기는 것이고 취해야 할 것은 자신을 알고 사랑하는 것이다.

노자의 가르침

통치자가 자신을 귀한 존재로 여기거나 권위를 내세우지 않고 자신을 알고 자신을 사랑하는 마음으로 백성들을 배려하고 사랑으로 보살펴 주면 백성들이 스스로 통치자를 믿고 따른다. 이런 통치는 권위와 위엄으로 다스리는 것과 다르지 않다는 가르침이다. 노자는 통치자들이 자신을 드러내고 귀하게 여기는 저것을 버리고 자신을 알고 자신을 사랑하는 이것을 취해서 통치하라고 가르친다.

이 장의 경구

그러므로 자신을 드러내고 자신을 귀하게 여기는 것을 버리고 자신을 알고 자신을 사랑하는 것을 취한다.

통치자는 자신의 위엄을 드러내고 스스로 귀하다고 여기지 말고, 자신을 알고 자신을 사랑하는 마음으로 백성들을 다스려야 한다. 그러면 백성들이 스스로 따라서 권위로 다스리는 것과 같다. 백성들을 배려하는 통치가 좋다.

제73장

용기 있게 감행하면 죽고 용기 있게 감행하지 않으면 산다

본문

勇於敢則殺 勇於不敢則活 此兩者 或利或害 天之所惡 孰知其故 是以聖人猶難之 天之道 不爭而善勝 不言而善應 不召而自來 繟然而善謀 天網恢恢 疎而不失

⊛ 직역

용기 있게 감행하면 죽고 용기 있게 감행하지 않으면 산다. 이 둘은 혹 이롭기도 하고 해롭기도 하다. 하늘이 싫어하는 것이 무엇인지 누가 그 까닭을 알겠는가? 이런 까닭에 성인은 오히려 어렵게 여긴다. 하늘의 도는 싸우지 않고도 잘 이기고 말하지 않아도 잘 응하고 부르지 않아도 스스로 오고 느긋하지만 잘 도모한다. 하늘의 그물은 성글고 엉성해도 놓치지 않는다.

이 장의 의미

용기 있게 감행하면 죽고 용기 있게 감행하지 않으면 산다고 했다. 무슨 뜻인가? 용감하다는 것은 하늘의 도, 자연법칙에 반하는 행위를 감행하는 것이다. 그러면 죽는다. 그러나 반대로 자연법칙에 반하는 행동을 감행하지 않으면 산다. 따라서 위태로움을 피하면서 살려면 하늘의 도, 자연법칙을 따라야 한다는 의미다. 성인을 통한 노자의 가르침은 하늘이 어느 쪽을 싫어하는지 알지 못해서 신중해야 한다는 것이다. 그러나 망설일 것이 없다. 하늘의 도, 자연법칙을 따르면 된다. 하늘의 도는 어떤 도인가? 싸우지 않고도 잘 이기고, 말하지 않아도 잘 응하고, 소리쳐 부르지 않아도 스스로 오고, 느긋하지만 잘 도모하고, 하늘의 쳐진 성긴 그물 같지만 결코 놓치지 않는 도다. 하늘의 도는 보이지 않는다고 용감하게 따르지 않으면 하늘의 그물에 걸려 죽는다.

노자의 가르침

자연인 인간은 하늘의 도, 자연법칙을 따르면 살고 어기면 죽는다는 가르침이다. 이 자연법칙, 도는 보이지 않는 하늘에 쳐진 성긴 그물 같지만 이 도를 어기면 아무도 빠져나갈 수 없다. 이 무소부재한 도, 자연법칙을 따라야 위태롭지 않다는 무위사상을 가르친다.

이 장의 경구

하늘의 그물은 성기고 엉성해도 놓치지 않는다.

하늘의 도, 자연법칙은 보이지도 않고 들리지도 않지만 무소부재하고 영원히 작동한다. 망망한 하늘에 쳐진 성긴 그물 같지만 아무도 이 도를 거스르고 빠져나갈 수 없다.

제74장

백성들이 죽음을 두려워하지 않으면 어떻게 죽음으로써 두렵게 할 수 있겠는가?

본문

民不畏死 奈何以死懼之 若使民常畏死 而爲奇者 吾得執而殺之 孰敢 常有司殺者殺 夫代司殺者殺 是謂代大匠斲 夫代大匠斲者 希有不傷其手矣

직역

백성들이 죽음을 두려워하지 않으면 어떻게 죽음으로 그들을 두렵게 할 수 있겠는가? 만약 백성들을 늘 죽음을 두려워하게 했는데도 기이한 행위를 하는 자를 내가 잡아 죽이면 누가 감히 그런 행동을 하겠는가? 언제나 죽이는 일을 맡는 자가 죽여야 한다. 대저 죽이는 일을 대신하여 죽이는 것을 일러 훌륭한 목수를 대신해서 깎는 것이라 한다. 대저 훌륭한 목수를 대신해서 (나무를) 깎으면 손을 다치지 않는 일이 드물다.

이 장의 의미

악행을 하는 자에게 상응하는 형벌을 주는 것은 법치의 일환이다. 그러나 이런 형벌은 적법한 절차를 거쳐서 전담자가 해야 한다는 것을 목수의 비유로 펼치고 있다. 만일 전담자가 아닌 사람이 적법한 절차를 거치지 않고 사형을 집행하면 목수의 일을 대신 하다 손을 다치는 것처럼 불상사가 일어난다는 의미다. 사형 집행은 필요하지만 신중하고 적법한 법절차를 거쳐 전담자가 해야 한다는 비유다.

노자의 가르침

나라를 통치하려면 사형 같은 형벌이 필요하지만 이런 형벌의 집행은 법에 따라 엄정하게 해야 한다는 가르침이다.

이 장의 경구

대저 유능한 목수를 대신해서 깎으면 손을 다치지 않는 일이 드물다.

사형 같은 중한 형벌은 적법한 절차를 따라 전담가가 하지 않으면 억울한 일이 일어나기 마련이다.

제75장

백성들이 굶주리는 것은 위에서 세금을 많이 거두어 먹기 때문이다

본문

民之饑 以其上食稅之多 是以饑 民之難治 以其上之有爲 是以難治 民之輕死 以其求生之厚 是以輕死 夫唯無以生爲者 是賢於貴生

❀ 직역

백성들이 굶주리는 것은 위에서 세금을 많이 거두어 먹기 때문이다. 그런 까닭에 굶주린다. 백성들을 다스리기 어려운 것은 위에서 마음대로 하기 때문이다. 이런 까닭에 다스리기 어렵다. 백성들이 죽음을 가볍게 여기는 것은 위에서 지나치게 풍족한 삶을 추구하기 때문이다. 이런 까닭에 죽음을 가볍게 여긴다. 대저 오로지 (자신들의) 삶을 위하지 않는 것이 (자신들이) 귀하게 사는 것보다 현명하다.

이 장의 의미

백성들이 굶주리고 죽음을 가볍게 여기는 이유는 세 가지다. 통치자들이 많은 세금을 거두는 것(과도한 세금), 통치자가 마음대로 하는 것(유위의 통치), 그리고 통치자가 지나치게 풍족한 삶을 사는 것이다(생지후). 통치자들이 백성들이 땀 흘려 거둔 농산물을 과도한 세금으로 거두어서 자신들만 호의호식하는 것을 보면 굶주리는 백성들은 삶의 의욕을 잃고 죽고 싶은 마음이 들 수밖에 없다. 그러므로 통치자들은 자신들만을 위하는 삶이 없어야 한다. 이처럼 자신들의 삶을 위하지 않는 것이 자신들을 귀하게 사는 것보다 현명한 것이다.

노자의 가르침

백성들이 굶주리고 죽음을 가볍게 여기는 것은 통치자들이 과도한 세금과 유위의 통치와 자신들만 호의호식해서 백성들의 마음에 큰 고통을 주기 때문이다. 이에 노자는 통치자들에게 자신들의 삶만을 위하지 않는 것이 자신들의 삶을 귀하게 여기는 것보다 현명하다는 것을 말한다. 통치자는 백성들의 삶을 돌보는 통치를 하라는 가르침이다.

이 장의 경구

대저 오로지 (자신만의) 삶을 위하는 것이 없는 것이 (자신의) 삶을 귀하게 여기는 것보다 현명하다.

통치자들은 자신들의 삶만을 위하지 않는 것이 자기들의 삶을 귀하게 여기면서 사는 것보다 더 현명한 것임을 알고 백성들을 다스려야 한다.

제76장

살아 있으면 부드럽고 약하고 죽으면 굳고 강하다

본문

人之生也柔弱 其死也堅强 萬物草木之生也柔脆 其死也枯槁 故堅强者死之徒 柔弱者生之徒 是以强兵則不勝 木强則兵 强大處下 柔弱處上

직역

사람이 살아있으면 부드럽고 약하고, 죽으면 굳고 강해진다. 만물과 초목도 살아 있으면 부드럽고 무르지만 죽으면 마르고 굳어진다. 그러므로 굳고 강한 것은 죽음의 무리이고 부드럽고 약한 것은 삶의 무리다. 이런 까닭에 강한 군대는 이기지 못하고 나무도 강하면 병기가 된다. 강하고 큰 것은 밑에 놓이고 부드럽고 약한 것은 위에 놓인다.

이 장의 의미

부드럽고 약한 것이 삶의 속성이고 굳고 강한 것은 죽음의 속성이다. 산 것은 움직이는 것이고 움직이려면 부드러워야 한다. 굳고 강해서 움직일 수 없는 것은 죽은 것이다. 강한 군대는 이기지 못한다. 강한 군대는 움직임이 둔하고 뻣뻣해서 유연하게 움직이는 군대를 이길 수 없다. 초목도 죽으면 굳고 강해서 잘려 나간다. 그러므로 부드럽고 약한 것이 굳고 강한 것의 위에 처한다. 약하고 부드러운 인간관계, 부드러운 가르침, 부드러운 통치가 굳고 강한 것보다 좋다.

노자의 가르침

약하고 부드러운 것이 산 것이고 굳고 강한 것은 죽은 것이어서 부드럽고 약한 것이 위에 처한다는 유약사상을 펼친다. 부드러운 인간관계, 부드러운 가르침, 부드러운 통치가 강하고 경직된 것보다 인간의 삶을 좋게 만든다. 삶과 죽음의 자연현상으로 펼치는 노자의 유약사상이다.

이 장의 경구

그러므로 굳고 강한 것은 죽음의 무리이고 부드럽고 약한 것은 삶의 무리다.

굳고 강해서 스스로 움직일 수 없는 것은 죽은 것이다. 부드럽고 약해서 자유롭게 움직이는 것은 산 것이다. 그러므로 살아 움직이려면 부드럽고 약해져야 한다.

제77장

하늘의 도는 마치 활시위를 당기는 것과 같다

본문

天之道 其猶張弓與 高者抑之 下者擧之 有餘者損之 不足者補之 天道損有餘而補不足 人之道則不然 損不足以奉有餘 孰能有餘以奉天下 唯有道者 是以聖人 爲而不恃 功成而不處 其不欲見賢

֎ 직역

하늘의 도는 마치 활시위를 당기는 것과 같아서 높은 것은 누르고 낮은 것을 들어 올린다. 남은 것은 덜어주고 모자라는 것은 보태준다. 하늘의 도는 여유 있는 것을 덜어내서 부족한 것에 보탠다. 사람의 도는 그렇지 않아서 부족한 것에서 덜어내서 이미 여유 있는 것에 보탠다. 누가 능히 여유 있는 것으로 온 세상을 돕겠는가? 오직 도를 아는 자다. 이런 까닭에 성인은 일을 하고도 내세우지 않고 공을 이루어도 머물지 않는다. 그 현명함을 드러내려 하지 않으려 한다.

이 장의 의미

활시위로 표적을 겨눌 때는 표적에 이르는 거리, 기상 조건, 주위의 상황 등을 고려해서 활시위를 높이거나 낮추고 힘을 강하게 또는 약하게 조절한다. 모두 자연의 원리, 하늘의 도를 따르는 방식이다. 하늘의 도는 남은 것을 덜어내서 모자라는 것에 보탠다. 활시위로 높은 것을 낮게, 낮은 것을 높게 표적을 조준하는 원리와 같다. 그러나 사람의 도는 오히려 모자라는 것을 덜어내서 남는 것에 더한다. 활시위로 낮은 표적을 높게 조준하는 격이어서 자연의 원리, 하늘의 도에 반한다. 그러나 여유가 있다고 아무나 자기 것을 덜어서 부족한 것에 보태주지 못한다. 오직 도를 아는 사람만이 그렇게 한다. 성인이 그런 사람이다. 그러므로 성인을 통한 노자의 가르침은 베푸는 일을 해도 이를 내세우지 말고 공을 이루어도 그것에 머물지 않으며 현명함을 드러내려 하지 않아야 한다는 것이다.

노자의 가르침

활시위로 표적을 겨누는 자연의 원리로 하늘의 도와 인간의 도가 어떤 것인지 가르친다. 활시위로 표적을 겨누는 것은 자연의 원리, 하늘의 도를 따라 조절해서 표적을 맞추려는 것이다. 세상의 일도 마찬가지다. 도, 자연의 원리나 도리에 맞게 여유 있는 것으로 모자라는 것에 보태주어야 한다. 그러나 인간의 도는 부족한 것을 덜어내서 오히려 여유 있는 것에 보탠다. 이런 하늘의 도에 반하는 인간의 도는 따를 것이 못 된다. 그러므로 남을 위해 일을 했지만 이를 내세우지 않고 그 공에 머물지 않으며 현명함을 들어내려 하지 않는 노자의 가르침을 본받고 따라야 한다.

이 장의 경구

하늘의 도는 여유 있는 것을 덜어 부족한 것에 보탠다. 사람의 도는 그렇지 않아서 부족한 것에서 덜어서 이미 여유 있는 것에 보탠다.

부족한 것에서 덜어내 자신의 것에 더 보태려는 인간의 도를 따르지 말고, 자신의 남는 것으로 부족한 것에 보태주는 하늘의 도를 따라야 한다.

제78장

천하에 물보다 유약한 것은 없지만
굳고 강한 것을 치는데
이보다 더 나은 것은 없다

본문

天下莫柔弱於水 而攻堅强者 莫之能勝 其無以易之 弱之勝强 柔之勝剛 天下莫不知 莫能行 是以聖人云 受國之垢 是謂社稷主 受國不祥 是謂天下王 正言若反

⊛ 직역

천하에 물보다 유약한 것은 없다. 하지만 굳고 강한 것을 치는 데는 이를 능히 이기지 못한다. 이와 바꿀 것이 없기 때문이다. 약한 것이 강한 것을 이기고 부드러운 것이 굳은 것을 이긴다. 온 세상 사람들이 (이를) 모르지 않지만 제대로 행하지 못한다. 이런 까닭에 성인이 말하기를 나라의 치욕을 받아들이는 것이 사직의 주인이고 나라의 상서롭지 못한 것을 받아들이는 것이 천하의 왕이라고 했다. 바른말은 반대처럼 들린다.

이 장의 의미

이 장에서 펼치는 가르침은 세 가지다.

첫째, 유약한 물의 위력이다. 세상에 물보다 부드럽고 약한 것이 없지만 강한 것을 치는데 물보다 더 좋은 것은 없다고 했다. 홍수가 나면 산을 깎아내리고 제방을 무너뜨리고 집을 떠내려 보낸다. 이런 물의 물리적인 힘(힘=질량×가속도)은 막강하다. 유약한 작은 물방울이나 천천히 흐르는 계곡의 물도 오랜 세월 흐르면서 바위를 깎는다. 이 같은 유약한 물의 강한 힘은 물리적인 힘이다.

둘째, 물처럼 부드럽고 약한 것이 굳고 강한 것을 이긴다는 비유적인 물의 힘이다. 부드럽고 약한 물이 굳고 강한 것을 이기듯 부드러운 통치, 부드러운 가르침, 부드러운 인간관계가 굳고 강한 것보다 더 좋다. 온 세상이 이런 이치를 알지만 실천하지 못한다. 유약한 물이 삶에 유익한 영향을 미친다는 비유다.

셋째, "정언약반"의 의미다. 왕은 무소불위의 권력을 행사하는 존재로 알고 있었는데 알고 보니 나라의 온갖 어려움과 치욕을 다 떠안고 백성들을 다스리는 고달픈 존재라고 했다. 백성들이 아는 것과 반대다. 바른 말인데 반대로 들린다. 세상 사람들은 물이 천하에 가장 부드럽고 약한 것으로 알고 있는데 굳고 강한 것을 이긴다고 한 것 또한 반대로 들린다. 정언약반이다.

노자의 가르침

물의 흐름으로 펼치는 노자의 가르침은 첫째, 유약한 물의 위력이다. 홍수의 힘이 제방을 무너뜨리고 마을을 집어삼킨다. 골짜기를 흐르는 부드러운 물이 바위를 깎는다. 과학적 원리에 따른 막강한 물의 힘이다. 둘째, 부드럽고 약한 물이 굳고 강한 것을 이기듯 부드러운 말과 행동으로 완고한 인간의 마음을 움직일 수 있다는 비유적인 힘이다. 셋째, 임금은 무소불위의 권력을 휘두르며 백성들 위에 군림하는 것으로 알고 있는데 이와 달리 백성들을 위해 궂은일을 하면서 고생한다는 것은 반대로 들린다고 했다. 천하에서 가장 부드럽고 약한 것이 물이 아무리 굳은 것이라도 이긴다는 말 역시 반대로 들린다. 이처럼 바른 말이 반대로 들린다는 '정언약반'의 가르침을 펼친다.

이 장의 경구

약한 것이 강한 것을 이기고 부드러운 것이 굳은 것을 이긴다.

약하고 부드러운 것이 굳게 닫힌 마음을 여는 힘이 있다. 약하고 부드러운 행위, 부드러운 무언의 가르침, 부드러운 통치가 굳고 강한 것보다 좋다.

제79장

큰 원한은 화해했다고 해도 반드시 원한이 남는다

본문

和大怨必有餘怨 安可以爲善 是以聖人 執左契而不責於人 有德司契 無德司徹 天道無親 常與善人

직역

큰 원한은 화해했다고 해도 반드시 원한이 남는다. (이것을) 잘된 것으로 여길 수 있는가? 이런 까닭에 성인은 채권을 갖고 있지만 빚진 사람에게 빚 독촉을 하지 않는다. 덕이 있는 사람은 채권을 관리하지만, 덕이 없는 사람은 세금을 맡아 거둔다. 하늘의 도는 친한 것이 없고 항상 사람들을 잘 대한다.

이 장의 의미

원한이 크면 화해해도 그 앙금이 남기 마련이다. 그러므로 아예 원한을 만들지 않아야 한다. 성인을 통한 노자의 가르침은 빚진 사람에게 빚 독촉을 하지 않고 갚을 수 있을 때까지 기다려서 원한을 만들지 않는 것이 덕이 있는 일이라는 것이다. 세리는 사정없이 세금을 징수해서 백성들의 원성을 산다. 덕이 없는 것이라고 했다. 원한을 만들지 않는 것이 덕이다. 그러나 하늘의 도는 누구에게나 공평하게 잘 대해서 원한을 만들지 않는다. 이 하늘의 도를 따르면 원한을 사지 않아서 덕이 있다.

노자의 가르침

원한을 만들지 않는 것이 덕이 있는 것이고 원한을 만드는 것은 덕이 없는 것이라는 가르침이다. 그러나 하늘의 도는 모든 사람들을 다 잘 대해 주어서 원한을 살 일이 없다. 원한을 만들지 않는 하늘의 도를 따르면 덕을 행하는 것과 같다는 가르침이다.

이 장의 경구

큰 원한은 화해했다고 해도 반드시 원한이 남는다.

원한이 크면 화해해도 남기 마련이다. 원한을 아예 만들지 말아야 한다.

제80장

나라는 작게 하고 백성은 적게 한다

본문

小國寡民 使有什伯之器而不用 使民重死而不遠徙 雖有舟輿無所乘之 雖有甲兵無所陳之 使人復結繩而用之 甘其食 美其服 安其居 樂其俗 隣國相望 鷄犬之聲相聞 民之老死不相往來

직역

나라를 작게 하고 백성을 적게 한다. 수많은 집기, 도구가 있지만 쓸 일이 없게 하고 백성들이 죽음을 두렵게 여기게 해서 먼 곳으로 옮겨가지 않게 한다. 비록 배와 수레가 있지만 탈 일이 없고, 비록 군사가 있어도 진을 칠 곳이 없다. 백성들이 다시 노끈을 묶어서 쓰게 하고 맛있는 음식을 먹고 아름다운 옷을 입고 편안한 곳에 살면서 풍속을 즐기게 한다. 이웃 나라가 서로 보이고 닭 우는 소리나 개 짖는 소리가 서로 들리지만 백성들은 늙어 죽을 때까지 서로 오가지 않는다.

이 장의 의미

마을 같은 작은 나라에서 자연과 더불어 미풍양속을 즐기면서 전쟁 걱정 없이 단순하고 안락하게 사는 나라가 노자의 이상향이다. 백성들이 다시 노끈을 묶어 셈을 하게 하고 인위적인 것을 피하고 자연 친화적인 삶을 사는 자연주의, 군대가 있어도 진을 치지 않는 부전사상, 자연의 섭리에 맞게 안전한 삶을 사는 무위사상 등이 다 실현되는 나라가 노자의 이상 국가다.

노자의 가르침

노자의 이상 국가는 한 마디로 영토도 작고 인구도 적은 마을 같은 나라다. 노자가 그리는 이상적인 삶은 소박하고 검소하고 맛있는 음식을 먹고 아름다운 옷을 입고 편안한 거처에서 미풍양속을 즐기고 노끈을 묶어 다시 셈을 하게 하며 자연친화적인 삶을 살면서 전쟁 걱정을 하지 않고 이웃나라를 부러워하지 않으면서 평화롭게 마을 같은 나라에서 사는 삶이다. 노자의 자연주의, 무위사상, 반전사상 그리고 소박한 이상주의를 잘 보여준다.

이 장의 경구

백성들이 노끈을 묶어 다시 쓰게 하고 맛있는 음식을 먹고 아름다운 옷을 입고 편안한 곳에 살면서 풍속을 즐기게 한다.

노자의 이상 국가는 자연 속에서 백성들이 풍족하고 전쟁을 걱정하지 않고 미풍양속을 즐기며 평화스럽게 사는 마을 같은 나라, 자연 속에서 인간이 주인으로 사는 나라다.

제81장

믿을 수 있는 말은 아름답지 않고 아름다운 말은 믿기 어렵다

본문

信言不美 美言不信 善者不辯 辯者不善 知者不博 博者不知 聖人不積 旣以爲人已愈有 旣以與人已愈多 天之道 利而不害 聖人之道 爲而不爭

직역

미더운 말은 아름답지 않고 아름다운 말은 미덥지 않다. 선한 사람은 말을 잘하지 못하고 말을 잘하는 사람은 선하지 않다. (깊이) 아는 사람은 박식하지 않고, 박식한 사람은 (깊이) 알지 못한다. 성인은 쌓아두지 않고 이미 남을 위해 써서 자신이 더 많이 갖고 있다. 이미 남에게 주어서 (그만큼) 자신의 것이 더 많아진다. 하늘의 도는 이로움을 주지만 해를 끼치지 않는다. 성인의 도는 일을 행하지만 따지지 않는다.

이 장의 의미

믿음직한 말은 아름답지 않다. 꾸미지 않았기 때문이다. 아름다운 말은 믿기 어렵다. 꾸민 것이기 때문이다. 선한 사람은 말을 잘하지 못한다. 말이 아닌 행동으로 선한 일을 할 뿐이다. 말을 잘하는 사람은 선하지 못하다. 말로만 떠들 뿐 선한 일을 하지 않기 때문이다. 전문가는 자신의 분야만 깊이 알아서 박식하지 않고, 박식한 사람은 깊이 알지 못해서 전문가가 되지 못한다. 성인은 어떠한가? 쌓아 두지 않고 나눈다. 다 베풀어서 가진 것이 없지만 오히려 자신이 더 많이 쌓아 놓은 것이고 말이 아닌 선한 행동으로 모든 것을 이룬다. 하늘의 도는 천지만물에 이로움을 줄 뿐 해를 끼치지 않는다. 성인 즉, 노자의 도는 남을 위해 쌓아 놓지 않고 다 베푸는 일을 하지만 이를 따지지 않는 도, 도리다. 이것이 성인을 통한 노자의 가르침이다.

노자의 가르침

믿음직한 말과 깊이 있는 지식과 선한 행위를 하는 삶에 대한 가르침과 하늘의 도와 성인의 도에 대한 가르침을 펼친다. 하늘의 도는 천지만물에 이로움을 주지만 해로움을 주지 않는다. 따라서 하늘의 도, 자연의 섭리를 따르는 무위를 행하면 평생 위태롭지 않고 모든 것을 이루는 이로움을 얻는다. 성인의 도 역시 가진 것을 다 남에게 주는 선행을 하지만 이를 따지지 않고 생색을 내지 않는다고 했다. 노자의 가르침은 이로움을 주고 해를 끼치지 않는 하늘의 도를 본받아 이를 행하고 가진 것을 남을 위해 다 주는 선행을 베풀고 생색을 내지 않는 성인의 도, 인륜적인 도, 도리를 행하면 이로움을 얻는다는 것이다.

이 장의 경구

미더운 말은 아름답지 않고 아름다운 말은 미덥지 않다.

믿을 수 있는 말은 꾸미지 않아서 아름답지 않다. 아름다운 말은 온통 꾸민 것이어서 믿기 어렵다. 아름답지 않지만 꾸미지 않은 말을 하는 사람이 진실한 사람이다.

III

도덕경에 나오는 핵심 용어와 노자의 핵심 사상

◇◇◇

노자 사상의 핵심은 도는 자연법칙이라는 것과 인간은 자연이어서 자연의 원리인 도를 따라 자신의 귀한 몸을 잘 보전하면서 자연과 함께 살아야 한다는 무위자연사상이다. 이 도를 비롯하여 노자 사상을 이루는 덕, 무, 무위, 자연, 성인, 노자의 통치관, 전쟁관, 유약사상 등을 살펴본다.

노자의 도

도는 노자 사상을 이루는 핵심 용어다. 이 도는 도덕경 첫 장과 마지막 장을 포함해서 여러 번(50회) 나오지만 이 중에서 노자의 사상을 이루는 도만이 노자의 도다. 대부분 노자의 도를 관념적이고 신비한 것으로 풀이하지만 노자의 도는 원리여서 신비하거나 관념적이지 않다. 이 도가 무엇인지 도덕경의 첫 장에서부터 구체적으로 밝히고 있다.

첫째, 노자의 도는 천하 만물을 창조한 원리다.

이름, 도가 없음은 천지의 시작이고 이름, 도가 있음은 만물의 어미로 도가 모든 묘한 것, 만물이 나오는 문, 창조의 원리라고 했다(1장). 그리고 도는 상제보다 먼저 나온 만물의 근원(4장)이라는 것, 만물을 창조한 태초의 도가 도의 기원(14장)이라는 것, 도가 예로부터 지금까지 변함없이 이어지고 있는 만물의 시초(衆甫)라는 것(21장), 천하 만물을 창조한 어미의 이름을 도라고 한다는 것(25장), 태초에 도(一)로 하늘, 땅, 신, 골짜기, 만물을 얻었다는 것(39장), 도가 하나를 낳고, 하나가 둘을 낳고, 둘이 셋을 낳고, 셋이 만물을 낳는다는 것(42장), 도가 낳고 덕이 기른다는 것(51장), 천지의 시작이 천하의 어미(도)라는 것(52장) 등은 모두 도가 천하 만물을 창조한 원리임을 밝힌다. 또 하늘과 땅이 오래가는 것은 자신의 힘으로 살지 않기 때문이라고 했다(7장). 천하 만물은 도에 의해 태어나서 살고 있다는 의미다. 도는 천하 만물을 창조한 자연의 원리, 자연법칙이다.

둘째, 도는 모든 자연현상의 원리를 하나(一)로 묶은 천하 만물의 운행의 원리(14장, 22장, 39장)다. 보고도 무엇인지 알 수 없고 들어도 무엇인지 알 수 없으며 잡아도 얻을 수 없는 여러 자연현상의 원리를 하나(一)로 묶은 것이 도의 기원이라는 것(14장), 여러 자연현상의 원리를 묶은 하나(一)를 천하의 전범으로 삼은 것이 지금도 작동하고 있다는것(22장), 인간을 포함한 천지만물의 탄생과 운행의 원리가 하나(一)이고 이 하나(一)가 없으면 천하 만물의 운행이 어긋난다는 것(39장), 하나(一)인 도가 만물을 낳았다는 것(42장) 등은 도가 여러 자연현상의 원리인 이 하나(一)를 묶은 자연법이다. 노자의 도는 자연법칙의 총칭이다.

셋째, 도는 불변하는 자연의 원리다(15장). 혼탁한 것은 아무리 오래 두어도 맑아지지 않고 안정된 것 즉, 죽은 것은 아무리 흔들어도 살아나지 않는다고 했다(15장). 이것은 열역학 제2 법칙(엔트로피 법칙), 불변하는 자연법칙이다. 노자가 엔트로피라는 말을 쓰지 않았지만 이런 자연현상, 자연의 원리를 도의 실례로 말한 것은 도가 자연법칙이라는 의미다. 그래서 이 도를 아는 자는 채우려 하지 않는다(15장). 도, 자연의 원리로 채워지는 것을 알기 때문이다.

넷째, 사람은 땅과 하늘이 따르는 자연의 원리를 따라야 하는 자연이라고 했다. 사람은 땅을, 땅은 하늘을, 하늘은 도를 법으로 삼고, 도는 자연을 법으로 삼는다고 했다(25장). 오직 자기 스스로의 원리로 움직이면서 사람과 땅과 하늘을 다 다스리는 도는 자연의 원리, 자연법칙이다.

다섯째, 도는 인간이 부릴 수 없는 자연의 원리다. 도는 항상 이름이 없다(32장). 도는 이름이 없어도 되고 통나무라고 해도 된다. 그러나 아무도 이를 신하로 부릴 수 없다. 제후나 왕이 이 도를 지키면 만물이 스스로 따르고 하늘과 땅이 서로 교합해서 단 이슬이 내리고 백성들은 저절로 고르게 된다. 도는 누가 이름을 불러서 시킬 수 없고 언제 어디서나 스스로 작동하는 자연의 원리, 자연법칙이다.

여섯째, 도는 물의 흐름의 원리인 중력과 같은 자연법칙이다. "비유하자면 도가 있다는 것은 작은 시내와 계곡의 물이 강과 바다에 이르는 것과 같다"고 했다(32장). 도의 원리로 시내와 계곡의 물이 낮은 곳으로 흘러 강과 바다에 이른다는 비유다. 물이 아래로 흘러 강과 바다에 이르게 하는 원리는 중력이다. 도는 물이 낮은 곳으로 흐르게 하는 중력과 같은 자연법칙이다.

일곱째, 도는 끊임없이 반복적으로 작동하는 자연의 원리다(40장). 이 도는 한순간도 멈추지 않고 영원히 반복하면서 천하 만물의 운행을 관장하는 위력이 있지만 사람들이 그 도의 위력을 느끼지 못해서 도의 쓰임은 약하다고 했다. 영원히 반복하면서 천하 만물의 운행을 관장하는 이 도는 자연법칙이다.

여덟째, 도(대상)를 잡고 천하에 나가면 어디를 가도 해를 입지 않으며 안전하고 평화롭고 태평하다. 이 도는 보이지 않고 들리지도 않지만 아무리 써도 고갈되지 않고 영원히 작동하며 이를 지키면 위태롭지 않고 안전하고 태평하다(35장). 이 도는 자연의 원리, 자연법칙이다.

아홉째, 하늘의 도는 스스로의 원리로 움직이는 자연법칙이다. 하늘의 도는 싸우지 않고도 잘 이기고, 말하지 않아도 잘 응하고, 부르지 않아도 잘 오고, 느긋하지만 잘 도모하고 하늘에 쳐진 성긴 그물 같지만 아무도 빠져나가지 못한다(73장). 이 하늘의 도는 온 우주에 편재하면서 스스로의 원리로 작동하고 있어서 아무도 이를 거스를 수 없다. 이 하늘의 도는 자연법칙이다.

열째, 도는 활시위를 당기는 것과 같아서 높으면 낮춰주고 낮으면 올려 준다. 활로 과녁을 조준하는 이런 방식은 자연의 원리를 따르는 방식이다(77장). 활시위의 비유로 펼치는 하늘의 도는 자연의 원리, 자연법칙이다.

열한째, 간접적인 표현으로 도가 자연의 원리임을 말했다. 도가 아닌 것은 일찍 끝난다고 했다(30장, 55장). 도는 영원히 변치 않는 자연의 원리, 자연법칙이라는 것을 간접적으로 말한다. 노자의 도는 영원히 변치 않는 자연법칙이다.

노자의 도는 "도라고 말해질 수 있는 도는 영원한, 진정한 도가 아니다(1장)"라는 관념적인 도가 아니다. 천하 만물을 창조하고 그 운행을 관장하는 여러 자연의 원리를 하나로 묶은 자연법칙의 총칭이다. 이 자연법칙의 도도 역시 보이지 않고 들리지도 않고 잡을 수도 없고 어둡고 검으며 이름도 없고 비어 있고 황홀하고 오묘하다. 노자의 도는 모든 묘한 것이 나오는 문, 천하 만물을 창조한 자연의 원리다. 노자는 인간은 자연이어서 이 자연법칙의 도를 따라야(무위) 위태롭지 않고(16장) 모든 것을 이룰 수 있다(37장, 48장)는 무위자연사상을 펼쳤다. 노자의 도는 자연법칙이지만 전쟁과 관련된 노자의 도는 인륜적인 도, 도리다.

여러 이름의 도와 그 의미

도덕경에는 유가의 도도 나오고 대도, 천도, 천지도 등의 수식어가 붙는 도도 나온다. 무슨 뜻이 있는가? 먼저 크다는 의미의 대도가 나온다. 이 대도는 자연의 섭리나 인륜적인 도로 통치와 관련해서 쓰이고 있다. 그러나 나오는 장마다 그 의미가 다르다. "대도폐 유인의"(18장)의 대도는 유가의 도다. 노자의 도는 자연법칙이어서 폐할 수 없고 또 폐하면 인의가 나오지도 않는다. 그러나 좌우로 흘러 어디든지 갈 수 있는 대도(34장)는 무소부재하고 전지전능한 노자의 도다. 이 대도는 만물이 돌아와도 주인행세를 하지 않아서 대도라고 했다(34장). 대도는 매우 평탄하지만 사람들은 지름길을 좋아한다(53장)는 말로 대도를 지름길에 대비되는 큰길의 의미로 쓰이기도 했다. 하지만 그 의미는 큰 길이 아닌 통치자들이 지켜야 하는 인륜적인 도다. 통치자들이 이 대도를 지키지 않고 백성들을 굶주리게 하면서 자신들만 호의호식해서 노자는 이를 도적질을 자랑하는 꼴이라고 질타했다. 이 대도는 자연의 섭리와 인륜적인 도를 따르는 도, 통치와 관련된 도다.

천도와 천지도(天之道)는 같은 의미의 도다. 하늘의 원리, 자연의 원리를 강조하는 자연법칙의 도, 노자의 도다. 이 천도는 문을 나서지 않고도 천하를 알고 창문으로 내다보지 않고도 천하의 일과 자연의 변화를 아는 자연의 원리의 도다(47장). 천도는 특별히 따로 친한 것이 없고 항상 모든 사람을 잘 대한다(79장). 이 하늘의 도는 언제나 사사로움이 아닌 스스로의 원리로 작용하는 도다. 하늘의 도는 싸우지 않고도 잘 이기고 말하지 않아도 잘 응하고 부르지 않아도 스스로 오고 느긋하지만 잘 도모한다. 하늘의 도, 하늘의 그물은 그물코가 성글고 엉성해도 놓치지 않는 자연법칙이다(73장). 하늘의 도는 마치 활시위를 당기는 것과 같아서 높은 것은 누르고 낮은 것을 들어 올리는 자연의 원리에 합당한 도다(77장).

노자의 덕

노자의 덕 또한 도덕경의 핵심 단어로 도덕경에 그 의미가 잘 기술되어 있다. 도덕경에는 노자의 덕과 다른 유가의 덕도 나온다(18장, 38장). 도덕경에 나오는 노자의 덕은 이렇다.

첫째, 구멍 속에 있는 덕의 모습은 오직 도를 따른다고 했다(21장). 덕은 보이지 않지만 도를 따르는 일을 한다는 의미다. 덕은 도를 따라 나와서 도의 일을 이루게 하는 이로움을 준다(51장).

둘째, 덕은 선함과 믿음의 속성이 있다(49장). 자기에게 선하게 대하는 사람은 물론 선하게 대하지 않는 사람에게

도 선하게 대하고 자신을 신뢰하는 사람은 물론 신뢰하지 않는 사람도 신뢰하고 배려하는 것이 덕이다.

셋째, 덕은 도가 낳은 것을 길러주고 성숙하게 한다(51장). 도가 낳은 만물은 덕의 덕으로 제 모습을 갖추고 이어가게 한다. 덕은 도움, 이로움을 주는 행위다.

넷째, 덕은 개인, 가정, 마을, 나라, 천하에 이로움을 준다(54장). 도로 세우면 덕이 뽑히지 않게 하고 도로 품으면 덕이 이탈하게 하지 않게 한다. 이런 도의 이치를 개인이 따르면 몸을 참되게 하는 덕을 얻고, 가정이 따르면 가정이 여유롭게 되는 덕을 얻고, 마을이 따르면 마을이 오래가는 덕을 얻고, 나라가 따르면 나라가 풍성하게 되는 덕을 얻고, 온 천하가 따르면 온 천하에 두루 미치는 덕을 얻는다. 이렇게 덕은 개인은 물론 가정과 마을과 나라와 온 세상에 이로움을 베푼다. 덕은 이로움을 베푸는 행위다.

다섯째, 덕은 무위의 속성이 있다. 덕을 두텁게 품으면 갓난아이의 상태가 된다(55장). 갓난아이는 자신의 의지로 행동하지 않고 오직 생리적인 원리로 반응하고 움직인다. 손에 무엇이 닿으면 불수의적으로 꼭 잡고 놓지 않는다. 잡은 것은 놓치지 않아야 산다는 생존 본능에 따른 반사 행위, 무위다. 갓난아이의 고추가 가끔 빳빳하게 서고 종일 울어도 목이 쉬지 않는다. 가끔 고추가 빳빳하게 서야 성인이 되어서 제대로 쓸 수 있게 된다. 갓난아이의 고환에서 나오는 남성 호르몬(테스토스테론)의 작용이다. 모두 작위가 아닌 생리적인 원리에서 나오는 갓난아이의 행위는 무위다. 이 무위의 덕은 생존에 이로움을 주는 덕이다.

여섯째, 능력을 길러주는 속성이 있다(59장). 물건도 아끼고 시간도 아끼고 정력, 분노, 사치, 낭비를 억제하는 아낌과 절제의 삶으로 덕을 두텁게 쌓으면 나라를 얻는 큰 능력을 얻는다. 덕은 큰 것을 이룰 수 있는 능력, 이로움을 낳는다.

일곱째, 도로 나라를 다스리면 귀신도 성인, 통치자도 모두 사람을 상하게 하지 않고 그 덕이 모두 통치자와 백성들에게 돌아간다(60장). 덕은 온 나라, 온 백성에게 이로움을 준다.

여덟째, 지모나 술수로 다스리지 않는 현덕의 통치를 하면 나라의 복이 된다. 그러면 백성들에게 이로움이 돌아가는 큰 순리에 이른다. 덕은 나라와 백성들에게 이로움을 주는 순리에 이르게 한다(65장).

아홉째, 싸우지 않음의 덕이다(68장). 유능한 장수는 무력을 쉽게 드러내지 않고, 분노로 싸움을 걸지 않으며, 함부로 싸움판에 끼어들지 않는다. 덕은 싸우지 않음으로 백성들에게 이로움을 주는 것이다. 하늘의 뜻에 부합하는 덕이다.

열째, 원한을 만들지 않고 배려하는 덕이다(79장). 성인은 빚진 사람에게 빚 독촉을 하지 않아서 원한을 만들지 않는다. 덕이 있는 행위다. 세리는 백성들의 사정을 고려하지 않고 세금을 거두어서 백성들의 원성을 산다. 덕이 없는 행위다. 덕은 원한을 만들지 않고 원한을 덕으로 갚는다(63장). 사람들은 덕이 구차한 것으로 잘못 알고 있기도 하지만(41장) 덕은 남을 배려하고 이로움을 주는 마음 씀이다. 노자의 도는 자연의 원리이지만 덕은 모든 사람에게 이로움을 주는 행위를 하게 하는 배려와 마음 씀이다.

덕의 여러 이름과 그 의미

노자는 수식어가 붙는 여러 덕을 말했다. 특별한 뜻이 있는가? 한마디로 특별한 의미를 더하는 것이 아니고 덕을 수식하는 것뿐이다.

상, 하, 부실이라는 수식어가 붙는 상덕, 하덕, 부실덕(38장)은 노자의 덕이 아닌 유가의 덕이다. 노자의 덕은 등급이 없고 노자의 도는 사라지면 인의가 나오지도 않는다.

수식어가 붙는 구멍속에 있어서 보이지 않는 덕인 공덕(孔德, 21장), 변치 않는 덕인 상덕(常德, 28장), 높은 덕인 상덕(上德, 41장), 넓은 덕인 광덕(廣德, 41장), 확립된 덕인 건덕(建德, 41장), 덕을 품은 함덕(含德, 55장), 지모나 술수로 다스리지 않는 것이 나라의 복이 되는 것을 아는 현덕(玄德, 10장,

51장, 65장) 등이 나오지만 모두 덕을 수식할 뿐 그 본질은 이로움을 베푸는 것이다. 노자의 덕은 배려하고 이로움을 베푸는 마음 씀이고 이를 행하는 구체적인 행위다. 노자의 덕을 "덕은 하나의 방식으로 밖에 있으면 이치이고 안에 있으면 덕이다"라는 정의를 하는 학자도 있다. 하지만 노자의 덕은 도를 따라 나오고 이로움을 주고(21장) 배려하고 베푸는 행위다(49장, 63장, 79장). 베풀지 않고 행하지 않는 덕은 의미가 없다. 덕이 없는 것이다.

덕이 있는 사람과 덕이 없는 사람

노자는 덕이 있는 사람과 덕이 없는 사람의 실례를 들어 덕의 본질이 무엇인지 가르친다(49장, 79장). 자기에게 선하게 대하는 사람은 물론 선하게 대하지 않는 사람에게도 선하게 대하고 자신을 신뢰하지 않는 사람도 신뢰하는 사람이 덕이 있는 사람이다(49장). 빚쟁이가 빚진 사람의 사정을 고려해서 빚 독촉을 하지 않아서 원성을 사지 않는 사람이 덕이 있는 사람이고 사정없이 세금을 거두어 가는 세리는 백성들의 원성을 들어서 덕이 없는 사람이다(79장). 덕이 있는 사람은 원한을 만들지 않는 사람이고 원한을 만들고 배려심이 없는 사람은 덕이 없는 사람이다.

덕과 통치

노자는 법치, 덕치, 무위의 다스림을 말했다. 덕으로 다스리는 덕치는 한 마디로 백성들을 배려하고 백성들에게 이로움을 주는 덕으로 펼치는 통치다. 덕치의 실례를 들었다(49장, 59장, 65장). 늘 열린 마음으로 백성들의 마음을 헤아려서 자신의 마음으로 삼고 백성들을 자신의 아이들처럼 돌보면서 선함과 믿음의 덕으로 통치하는 것이 덕치다. 자신에게 선하게 대하는 사람이나 선하게 대하지 않는 사람에게도 선하게 대하는 덕의 선함과 자신에게 미덥게 대하는 사람은 물론 미덥게 대하지 않은 사람에게도 미덥게 대해서 덕의 미더움으로 통치하는 것이 덕치다(49장). 아끼고 절제하는 삶으로 덕을 쌓으면 극복하지 못할 것이 없고 큰 능력이 생겨서 나라를 갖고 오래 다스릴 수 있다고 했다. 그러므로 사람을 다스리고 하늘을 섬기는데 아끼는 것, 절제하는 것 즉, 덕을 쌓아 덕을 행하는 것보다 더 좋은 것이 없다고 했다(59장). 지모나 술수로 나라를 다스리면 나라에 해가되고 지모나 술수로 다스리지 않으면 나라의 복이 된다는 것을 아는 현덕으로 통치하면 백성들의 이로움이 커지는 대순에 이른다고 했다. 현덕의 통치자가 순리에 맞는 통치, 덕치다(65장). 정치가 너그러울수록 백성들은 더욱 순박해져서 통치하기 쉽고 정치가 깐깐할수록 백성들은 더욱 삐뚤어져서 다스리기 어려워진다(58장). 깐깐한 통치는 법, 기술로 하는 통치이고 덕치는 꾀나 기술이 아닌 선함과 신뢰와 배려로 백성들의 마음을 얻고 백성들에게 이로움을 주는 통치다.

노자의 무

무(無)는 노자의 사상에서 특별한 의미를 갖는다. 도덕경에서 무는 네 가지 의미로 쓰이고 있다. 이 중에서 노자의 사상을 나타내는 무가 노자의 무다.

첫째, 없는 것, 존재하지 않음의 무다. 무명과 무욕(1장), 유무상생(2장), 무우(8장), 당기무(11장), 절학무우(20장), 유생어무(40장), 무유입무간(43장), 무불위(48장), 행무행 양무비 잉무적 집무병(69장)의 무는 없다는 의미다. 그러나 64장(無爲故無敗 無執故無失)에 나오는 무위와 무집의 무는 노자의 무 즉, 도의 원리에 맞게 행하는 무이고 무패와 무실의 무는 단순히 없다는 의미의 무다.

둘째, 쓰임을 만드는 '공간의 무'다. 노자는 '비워서 쓰임을 만드는 공간'을 무라고 했다(11장). 바퀴 살통의 빈 공간의 무가 쓰임을 만들어 수레의 유익함을 만들고, 진흙을 빚어서 만든 공간의 무가 쓰임을 만들어 그릇의 유익함을 만들며, 벽을 뚫어 방문과 창문을 낸 그 공간의 무가 쓰임을 만들어 방의 이로움을 만든다고 했다. 이런 행위는 인간이 삶을 위해 이로움을 만드는 작위적인 행위여서 유위다. 그러나 노자는 자연인 인간이 자연을 이용하여 이로움을 만드는 작위적인 행위는 무위에 반하지 않는 다는 것을 말한다. 노자는 인간은 자연의 동물들과 마찬가지로 자연을 이용하면서 살아가는 자연이라고 했다. 사자가 가젤을 잡아먹는 것이나 인간이 소를 잡아먹는 것에 아무런 차이가 없다. 까치가 나뭇가지로 집을 짓는 것이나 인간이 나무를 잘라 집을 짓는 행위도 다르지 않다. 모두 작위적으로 자연을 이용하는 행위(유위) 이지만 자연이 자연을 이용하는 유위는 무위와 다르지 않다는 의미다. 여기에 노자 사상에 특별함이 있다. 자연인 인간이 자연을 이용해서 이로움을 만들어 쓴다는 점에서 노자의 사상은 반문명적이지 않다.

셋째, 다른 문자와 합쳐서 그 문자의 의미를 넓히거나 새로운 의미를 만드는 무다. 대표적인 것이 무위의 무다. "무위로 행하고 무사로 일하며 무미로 맛본다(爲無爲 事無事 味無味, 63장)"는 문장에서 무를 없다는 의미로 해석하면 노자의 가르침, 사상을 알 수 없다. 이 무는 없다는 의미가 아니고 위(爲)와 합쳐진 무위, 사(事)와 합쳐진 무사, 미(味)와 합성된 무미는 새로운 의미를 만든다. 무위는 행함이 없는 것이 아니라 자연의 섭리, 도를 따르는 행위를 능동적으로 하는 것이고, 무사는 무위지사(2장)의 의미로 일을 하지 않는 것이 아니라 도, 자연의 원리에 맞게 일한다는 것이고, 무미는 맛이 없는 것이 아니라 맛이 없는 그 맛이 자연의 고유한 맛, 자연의 여러 맛 중의 하나 라는 의미다. “무위로 행하고 무사로 일하며 무미로 맛본다(63장)”는 문장을 노자의 무의 의미로 해석하면 “도, 자연의 원리를 따르는 무위를 행하고(위무위), 자연의 섭리에 맞는 무사로 일하며(사무사), 맛이 없다는 그 맛을 자연의 고유한 맛으로 맛본다(미무미)”는 의미가 된다. 천하를 얻으려면 항상 무사로 해야 한다(48장)거나 성인은 무사로 천하를 취한다(57장)는 문장에서 무사는 일을 하지 않는 것이 아니라 자연의 섭리에 맞게 무위로 일하는 것이다. 다른 예도 있다. 무집고무실(無執故無失, 64장)의 의미는 잡지 않아서 놓치지 않는다가 아니고 자연의 원리에 맞게 잡고 있어서(무집) 놓치지 않는다(무실)는 의미다. 무지, 무욕의 무도 마찬가지다. 항상 백성들을 무지하고 무욕하게 한다(3장)는 것은 백성들을 아무 것도 모르게 하고 아무 욕심도 갖지 못하게 한다는 뜻이 아니다. 이 무지는 백성들은 살아가는데 필요한 것보다 더 많은 지식을 갖지 않는 것이고, 무욕은 백성들의 처지에서 필요한 것보다 더 많이 가지려는 욕심을 품지 않는다는 의미다. 무욕은 욕심을 적게 갖는 과욕(寡欲)(19장)의 의미다.

넷째, “유생어무”의 무다(40장). 천하 만물은 무에서 나왔다는 이 무는 천하 만물의 창조의 시원인 무, 태초의 무다. 이 무는 없다는 의미이지만 창조의 시원을 말한다는 점에서 특별한 무다. 이 무가 빅뱅론의 '절대 무'와 같은 것이라고 말할 근거는 없지만 노자가 천하 만물의 창조의 시원으로 무를 말했다는 점에서 그 의미는 빅뱅의 무와 다르지 않다.

이렇게 노자의 무는 일반적인 '없다'는 의미를 넘어 노자의 사상, 철학을 이루는 특별한 의미를 만든다.

무위와 자연

도, 무위, 자연은 노자의 사상을 이루는 핵심 용어다. 노자의 도는 자연법칙이고 이 도를 따르는 행위가 무위이고 무위로 스스로 그렇게 이루어지는 것이 자연이다. 도덕경에는 무위가 10회, 자연이 5회 나온다.

노자의 무위

도덕경에서 무위는 다음과 같은 의미로 쓰이고 있다.

첫째, 행위가 없다는 의미의 무위다. 상덕은 하는 일이 없고(무위) 무엇을 위하여 하려는 것이 없다(上德無爲而無以爲, 38장)"는 무위는 행함이 없는 무위다. 더 이상 부드러워질 수 없는 지극한 부드러운 것은 틈이 없는 곳에 들어가 유익함을 만드는 것을 무위라고 했다(43장). 말없는 가르침은 지극히 부드러워서 틈이 없는 인간의 마음속에 들어가 세상을 아름답게 변화시키는 유익함을 만든다. 이 지극한 부드러움의 무위는 행함이 없다는 무위다.

둘째, 작위적이지 않고 자연의 원리, 도를 따르는 행위의 무위다. "이런 까닭에 성인은 무위의 일에 처하고 말없는 가르침을 행한다(2장)"고 했다. 이 무위는 작위적이지 않고 도, 자연의 원리를 따르는 행위를 적극적으로 하는 것이다. "무위로 다스리면 다스리지 못할 것이 없다(3장)"는 무위, "명백하게 사방으로 펼치는데 과장되게 꾸미지 않고 할 수 있는가"의 무위(10장), "도는 항상 무위로 해서 이루지 못할 것이 없다(37장)"는 무위, "내가 무위를 행하니 백성들이 스스로 변한다(57장)"는 무위, "무위를 행하고 도, 자연의 원리에 맞게 일하며 맛이 없는 그 맛을 자연의 맛으로 맛본다(63장)"는 무위, "성인은 도, 자연의 섭리를 따르는 무위를 행해서 실패하지 않는다(64장)"는 무위는 모두 도, 자연의 섭리를 따르는 행위의 무위로 노자의 무위다. 지식을 덜어내서 도달하는 무위도 마찬가지다. "학문을 하면 매일 더해지고, 도를 행하면 매일 덜어진다. 덜어내고 또 덜어내면 무위에 이르고 이 무위로 하면 이루지 못할 것이 없다"고 했다(48장). 도를 행해서 이런 인위적인 지식을 다 걷어내면 자연의 원리, 도가 작동하는 무위에 이른다. 이 무위는 노자의 무위다.

노자의 무위는 행함이 없는 것이 아니라 자연의 원리, 도를 따르는 행위를 적극적으로 하는 것이다. 자연인 인간은 도, 자연법칙을 따라야(무위) 위태로움을 면하고 모든 것을 이룰 수 있다. 이것이 무위자연사상이다.

노자의 자연

자연 역시 노자 사상을 이루는 핵심단어 중의 하나다. 자연의 사전적 정의는 인간의 손이 아닌 자연의 원리로 이루어진 것, 천하 만물이다. 이것이 보통 이해하는 자연이다. 노자가 자연이라는 용어를 처음 쓴 것이지 알 수 없지만 노자의 자연은 도덕경에 등장하는 자연(5회)으로 그 의미를 이해할 수밖에 없다.

자연이란 용어가 17장에 처음 나온다. 가장 훌륭한 통치자는 백성들이 그가 있다는 것만 알고 있는 통치자다. 이런 통치자는 자신이 공을 이루어도 공치사를 하지 않고 백성들이 이룬 것으로 여기게 해서 백성들은 모두 "우리는 자연이다"라고 한다고 했다. 이 자연은 "우리 스스로 그렇게 했다"는 의미다. 백성들이 스스로 이룬 업적을 자랑스럽게 여기는 것이어서 이 자연은 '스스로 그렇게 이룬 것'이라는 의미다.

말이 적은 것이 자연(23장)이라고 했다. 자연은 말을 하지 않는다는 의미다. 노자는 회오리바람이 아침 내내 불지 않고 소낙비가 하루 종일 내리지 않는 자연현상의 예를 들어 말을 적게 하라는 가르침을 펼친다. 이 자연은 회오리바람이나 소낙비 같은 자연이다.

도법자연이라고 했다(25장). 사람은 땅의 법을 따르고, 땅은 하늘의 법을 따르고, 하늘은 도의 법을 따르고, 도는 자연의 법을 따른다(25장)고 했다. 사람, 땅, 하늘은 도를 따르지만 도는 다른 따를 것이 없고 '스스로 그러함의 원리'인 도 자신의 원리, 자연법칙을 따른다는 의미다. 도는 사람, 땅, 하늘을 다스리는 자연의 원리, 자연법칙이다. 이 자연은 '스스로 그러함'이다.

도가 낳아 덕이 기르고 만물이 형체를 이루고 세력을 이룬다. 이런 까닭에 만물은 도를 높이고 덕을 귀하게 여기지 않을 수 없다. 도를 높이고 덕을 귀하게 여기는 것은 누가 시켜서 그런 것이 아니라 '스스로 그러한 것'이기 때문이다(51장). 도와 덕은 본래부터 스스로 높고 귀한 것이다. 이 자연은 '스스로 그러함'이다.

그런 까닭에 성인은 욕심내지 않으려는 욕심만 있고 얻기 어려운 재화를 귀하게 여기지 않으며 이전에 미처 배우지 못한 것을 배워서 뭇 사람들이 과오를 돌이키고 만물이 '스스로 그러하도록' 돕지만 감히 관여하지 않는다(64장)고 했다. 이 자연은 '스스로 그러함'이다.

도덕경에 나오는 자연의 의미는 '스스로 그러함'이나 자연(nature)이다.

도덕경의 성인은 노자다

도덕경은 노자의 가르침을 펼치지만 직접화법으로 "노자 가라사대(老子曰)"가 나오지 않는다. 그 대신 노자는 성인의 언행을 통해 자신의 가르침이나 선인의 말과 행위를 전한다. 왜 그랬을까? 그 이유를 노자가 직접 밝혔다(70장). 도덕경에는 성인이 여러 번(24개 장, 31회) 등장한다. 노자가 성인 반열의 인물인데 왜 성인이 자주 등장할까? 성인은 어떤 사람이가? 성인은 누구인가?

도덕경에 등장하는 성인은 좋은 언행으로 가르침을 펼쳐서 여러 학자들은 성인을 특별한 경지의 인물로 정의한다. "이상과 이념을 생산하거나 정해주는 수준 높은 사람", "도를 행하고 도와 하나가 된 삶을 사는 이상적인 통치자, 무위(도의 존재방식)를 행동양식으로 삼는 사람", "성인은 윤리적 차원을 넘어 '특이한 감지 능력의 활성화'를 통해 만물의 근원, 만물의 '참됨', 만물의 '그러함'을 꿰뚫어 보고 거기에 따라 물 흐르듯 살아가는 사람이다. 성인은 무위를 실천하는 사람이다", "크고 변함없는 도의 슬하에서 삶을 누리는 자가 성인이다. 성인은 누구일까? '자기가 곧 우주이고 우주가 곧 자기인 사람'이라는 지혜를 몸소 실천하고 누리는 사람이다", "성인은 소리 없는 것을 들으며 보이지 않는 것을 볼 수 있는 사람을 뜻한다. 또한 능히 지혜를 체득하고 실행하며 '도'로써 입신 처세하는 사람이다", "공자나 장자가 말하는 도덕군자가 아니라 '슬기롭고 현명한 통치자' 또는 '뛰어난 지도자'를 말한다"는 것 등이 성인에 대한 표현, 정의다. 과연 성인이 이런 인물일까? 이런 성인의 정의는 모두 도덕경에 나오는 성인의 언행에 근거해서 성인을 특별한 인물로 표현한 것이다. 그러나 성인은 노자에 버금가는 그런 인물이 아니다. 노자가 성인의 언행으로 가르침을 펼치다 보니 성인이 노자 급의 인물로 보일 뿐이다. 더욱이 성인을 슬기롭고 현명한 통치자나 뛰어난 지도자로 볼 수 없다. 노자가 통치자에게 무위로 통치하라는 가르침을 성인의 언행으로 펼치기 때문에 그렇게 보일 뿐이다. 노자는 좋은 통치자는 백성들이 그가 있다는 것만 알고 있는 통치자라고 말한 적은 있지만(17장) 통치자들을 좋게 보지 않았다. 통치자들이 무거운 세금으로 백성들을 수탈해서 백성들이 목숨을 가볍게 여기고(75장) 가난한 백성들을 돌보지 않고 자신들만 호의호식해서 노자는 이들을 도적의 괴수 같은 자들이라고 질타했다(53장). 노자가 이런 통치자들을 성인의 모델로 삼았다고 볼 수 없다. 노자가 성인의 말과 행동으로 통치자에게 가르침을 펼친 것을 성인의 가르침으로 오해한 것이다. 노자의 어법을 이해하지 못한 탓이다. 노자는 성인이 누구인지 밝혔고 성인이 어떤 인물인지도 밝혔다(70장). 도덕경에 나오는 여러 성인의 말이나 행동은 모두 노자의 가르침이어서 성인은 노자의 가르침을 전하는 사람임을 알 수 있다. 당대의 성인은 백성들이 신뢰하고 따르는 사람이어서 노자는 그들의 이름을 빌려서 자신의 가르침을 펼친 것이라는 의미다. 성인은 노자의 말을 전하는 노자의 대역으로 보아도 되지만 노자 자신이다.

그러면 왜 노자는 자신이 직접 가르침을 펼치지 않고 성인을 통해서 했을까? 노자의 독백에 그 답이 있다. 노자는 "나의 말은 매우 알기 쉽고 행하기도 매우 쉬운데 세상 사람들은 나의 말을 알지도 못하고 행하지도 못한다. 나를 아는 자는 드물고 나를 본받으려는 자는 적다. 성인은 허름한 베옷을 입고 있지만 구슬을 품고 있는 사람이다(70장)"라고 했다. 성인 즉, 노자는 보석을 품고 있는데도 사람들은 그저 허름한 옷을 입고 있는 보잘 것 없는 사람으로 여기고 보석 같은 노자의 말을 알려고 하지도 않고 행하려 하지도 않고 따르는 사람도 없다고 탄식했다. 이런 이유로 노자는 백성들이 우러러보고 따르는 현명한 인물인 성인의 이름으로 자신의 가르침을 펼치는 것이 효과적이라고 보고 성인을 자신의 대역으로 내세운 것이다. 성인은 노자의 가르침을 전하는 노자의 대역으로 내세우지만 실제로는 노자 자신이다. 허름한 옷을 입고 있지만 보석을 품고 있는 성인이 노자 자신임을 말한 것이기 때문이다. 그러므로 성인이 등장하는 문장에서 성인을 노자로 치환해서 이해하면 노자의 직접적인 가르침이 된다. 도덕경에 나오는 성인은 노자이고 성인의 언행은 노자의 가르침이다. 그러나 성인이 범인의 의미로 쓰이기도 했다. "하늘의 도는 인간을 포함한 천지만물에게 이로움을 줄 뿐 해로움을 주지 않는다. 성인의 도는 사람들을 위해 일을 하지만 이를 따지지 않는다(81장)"고 했다. 이 성인의 도 즉, 인간의 도는 사람들을 위해 일을 할 뿐 따지지 않는 인간의 도, 도리다. 성인의 도인 인간의 도를 천지만물에게 이로움을 주고 해롭지 않은 자연법칙의 도와 대비되는 말로 쓰였다.

유무상생의 인간의 세계와 생이불유의 자연의 세계

노자는 그의 사상에서 중요한 축을 이루는 "유무상생"의 인간의 세계와 "생이불유"의 자연의 세계가 어떤 것이지 밝힌다(2장).

인간의 세계는 미와 추, 선과 불선 같은 가치나 우열을 따지는 세계다. "천하사람 모두 알고 있는 아름다움을 아름다운 것으로 여기지만 그것은 추한 것일 수 있다. 모든 사람들이 알고 있는 선을 선이라고 여기지만 그것은 불선일 수 있다"는 세계다. 인간의 세계에서는 미와 추, 선과 불선 같은 상반되는 추상명사의 의미를 단정적으로 말하지만 실제로 사람마다 느끼고 이해하는 것은 다 다르다. 이런 두 말 사이에 경계선이 있는 것이 아니어서 각자의 경험에 따라서 이런 두 낱말 사이의 어느 한 부분을 주관적으로 이해하고 이를 자신의 이해로 삼기 때문이다. 이런 이유로 같은 것을 보고도 어떤 사람은 아름답고 개성 있다고 여기지만 반대로 별나고 추하다고 여기기는 사람도 있다. 선과 불선도 마찬가지다. 모두 자신에게 유리한 편으로 선과 불선을 해석하고 이해해서 다툼이 일어난다. 이런 다툼을 피하기 위해서 선과 불선 사이에 인위적인 경계선인 법을 만든다. 이런 경계선이 없는 것은 미와 추, 선과 불, 선만이 아니다. 쉽고 어려운 것, 길고 짧은 것, 높고 낮은 것 사이에도 경계선이 없어서 이런 두 말을 이해하고 실감하는 정도가 사람마다 다르다. 산악지대에 사는 사람과 평야지대에 사는 사람이 같은 산을 보고 높다거나 낮다고 느끼는 것은 같을 수 없다. 모두 자기의 기준으로 이해하기 때문이다. 이렇게 서로 비교되는 상대적인 세계, 유위의 세계가 인간의 세계다.

자연의 세계는 어떤가? 자연의 세계는 "무위로 일을 처리하고 말없는 가르침을 행하며 만물을 만들었지만 이를 자랑하지 않고 낳았지만 내 것이라고 주장하지 않는다. 일을 하지만 내세우지 않고 공을 이루어도 거기에 머물지 않는다. 오로지 머물지 않으니 사라지지 않는" 세계다(2장). 이처럼 자연의 세계는 미와 추, 선과 불선, 가치나 우열이 없고 서로 비교되지 않고 네 것, 내 것을 따지지 않는 세계다. 오직 자연의 원리, 도의 원리로(무위) 스스로 그렇게 이루어지고(자연) 이어지는 세계, 무위의 세계가 자연의 세계다.

이 두 세계에서 나는 어떤 존재인가? 인간의 세계에서 나는 "누구인가"의 존재, 너와 나의 관계 속에서 서로 비교되는 존재다. 그러나 자연의 세계에서는 나는 "무엇인가"의 존재다. 천하 만물 중 인간이라는 존재, 무엇과 비교되지 않는 유일한 존재, "나"라는 자연이다. 그러므로 인간은 도, 자연법칙을 따라야 하는 존재다. 노자의 가르침이다.

반복하는 것이 도의 움직임이고
천하 만물은 무에서 나왔다

> "반복하는 것이 도의 움직임이고 약한 것이 도의 쓰임이다. 천하 만물은 유에서 나오고 유는 무에서 나온다." (40장)

도덕경 40장의 전문이다. 짧은 문장이지만 이 문장을 관통하는 의미는 심오하다. 도의 작용방식과 쓰임, 그리고 천지만물의 창조의 시원을 기술하고 있다. 이 장에서 반은 반복을 의미한다. 그러므로 첫 문장은 "반복하는 것이 도의 작용이고, 약한 것이 도의 쓰임이다"라는 의미다. 도, 자연법칙은 한순간도 쉬지 않고 영원히 반복하면서 천하 만물의 운행을 관장한다. 그러나 사람들은 이런 도의 위력을 느끼지 못해서 그 쓰임이 약한 것으로 여긴다. 도는 영원히 반복적으로 작동하는 자연법칙이고 그 위력을 인간이 감지하지 못한다는 자연과학적 원리를 간결하지만 명확하게 펼친다. 노자가 이렇게 과학적 원리를 정확하게 기술한 것은 경이롭다. 노자는 자연과학자다.

노자는 이어서 천하 만물은 무에서 나왔다는 창조의 시원을 말했다(유생어무). 이 무가 태초의 시간도 공간도 없는 현대물리학의 우주창조이론인 빅뱅이론의 무, 특이점과 같은 것이라고 말할 근거는 없지만 노자가 무를 창조의 시원으로 제시했다는 점에서 빅뱅이론의 무와 그 의미가 다르지 않다. "유생어무"는 노자의 빅뱅이론이라 할 수 있다. 이런 노자의 탐구와 사고는 경이롭다. 현대물리학의 빅뱅이론도 무(특이점)를 증명해서 나온 것이 아닌 사고의 산물이다. 특이점의 대폭발에 의한 급팽창의 증거인 우주배경복사와 허블 망원경으로 관찰한 초음파의 적색편위현상이

뒷받침 되어서 빅뱅이론이 인정되었다. 기원전 창세기의 천지창조나 수메르, 이집트의 천지창조는 모두 설화에 근거한 것이지만 노자는 자연을 관찰하고 탐구하고 사고해서 무가 창조의 시원이라는 논리를 폈다는 점에서 그 독창적인 발상이 놀랍다. 이런 노자의 창조의 원리는 빅뱅이론과 그 의미는 다르지 않다. 노자는 자연과학자다.

저것을 버리고 이것을 취하라

거피취차(去彼取此)는 저것을 버리고 이것을 취하라는 노자의 가르침이다(12장, 38장, 72장). 거피취차에서 저것과 이것은 전자와 후자의 관계가 아니다. 버릴 저것(彼)과 취할 이것(此)이 무엇인지 각 장에 적시해 놓아서 혼동할 수 없다. 버릴 것은 모두 '아닌 것(不)'으로 표시했다. 문자적으로 저것은 좀 떨어져 있는 것이고 이것은 바로 옆, 가까운 곳에 있는 것이다. 먼 곳에 있는 저것은 당장 필요하지 않거나 버려도 될 것이고, 가까운 곳에 있는 이것은 당장 요긴한 것이어서 취해야 할 것이라 할 수 있다. 그러면 거피취차는 덜 필요한 것, 허식적인 것을 버리고, 당장 필요하고 실질적인 것, 더 가치 있는 것을 취한다는 의미다. 사람마다 처한 상황이 달라서 버릴 것과 취할 것이 다 다르다. 노자는 이렇게 처지가 다른 계층의 인물들을 등장시켜서 거피취차의 의미를 펼친다.

먼저 서민, 백성들의 삶으로 펼치는 거피취차의 의미다(12장). 사람들은 온갖 아름다운 것에 눈이 멀고, 온갖 즐거운 음악에 귀가 먹고, 온갖 맛있는 음식에 입을 버리고, 말 타고 신나게 사냥하면서 마음이 온통 들뜨고, 얻기 어려운 재화를 얻으려고 어지럽게 쏘다닌다. 하지만 성인을 통한 노자의 가르침은 눈을 위한 저것을 버리고, 배를 위한 이것을 취하라는 것이다. 가난한 서민, 백성들은 먹고 사는 것과 관계가 없는 재화나 향락적인 것을 추구하지 말고 우선 의식주를 해결하라는 가르침이다.

대장부의 삶으로 거피취차의 가르침을 펼친다(38장). 도, 덕, 인, 의가 사라지면 예가 나오지만 그 예라는 것은 혼란의 주범일 뿐이고, 앞의 것을 아는 것은 도의 화려함일 뿐 어리석음의 시작이라고 했다. 이런 까닭에 대장부는 중후함에 처하고 경박함에 머무르지 않으며 내실이 있는 것에 처하고 그 화려함에 거하지 않는다고 했다. 서민, 백성들과 달리 의식주를 걱정하지 않는 대장부는 경박함과 화려함을 버리고 중후함과 실질적인 것을 취하는 삶을 살아야 한다는 가르침이다. 대장부가 취할 것과 버릴 것은 의식주가 아닌 삶의 품격, 가치에 대한 것으로 백성들의 것보다 차원이 높다. 이 장이 유가의 도와 덕을 다룬다는 점에서 유가에 비판적인 노자의 관점으로 이해하면 대장부는 유가의 경박하고 겉만 화려한 도를 버리고 실질적이고 중후한 노자의 도를 취하라는 의미로 이해할 수 있다.

통치자의 통치방식으로 "거피취차"의 의미를 펼친다(72장). 통치자는 권력. 위엄으로 통치하지만 노자는 백성들을 보살펴주고 배려하는 통치를 펼치면 권위로 다스리는 것과 다르지 않음을 말한다. 통치자가 백성들의 삶을 보살펴주고 배려하면 백성들은 통치자를 믿고 따른다. 이런 통치는 권위와 위엄으로 다스리는 것과 다르지 않다. 그런 까닭에 통치자는 자신을 알지만 과시하지 않고 자신을 사랑하지만 귀하게 여기지 않는다. 그러므로 통치자는 자신의 위엄을 드러내고 귀하게 여기는 저것을 버리고, 자신을 알고 사랑하는 이것을 취한다. 노자의 가르침은 통치자는 자신의 위엄과 권위를 과시하거나 자신이 귀하다는 생각으로 백성들을 다스리지 말고, 자신을 알고 자신을 사랑하는 마음으로 백성들을 다스려야 한다는 의미다. 이런 통치자가 버리고 취해야 할 것은 백성들이나 대장부의 것보다 차원이 높다.

각 장에 나오는 거피취차의 내용을 보면 일관된 맥락이 있다. 거피취차를 하는 주체의 처지나 신분에 따라 버릴 것과 취할 것이 다르다. 각자의 처지에 맞게 버리고 취할 것을 선택해야 한다는 것을 가르친다. 먹고 살기 어려운 백성들은 향락적인 것을 버리고 우선 먹고 사는 것을 취해야 한다. 그러나 먹는 것을 걱정하지 않는 대장부나 지도층 사람들은 품위를 지키고 내실 있는 삶을 살아야 한다. 통치자는 자신을 알고 자신을 아끼지만 자랑하거나 자신의 귀함을 내세우지 말고 백성들을 보살펴 주어서 백성들이 스스로 따르게 하는 통치를 해야 한다는 것을 가르친다.

거피취차는 각자의 처지에 맞게 취하고 버릴 것을 선택한다는 점에서 도를 따르는 무위사상과 일맥상통한다. 노자는 버리고 취할 것을 세세하게 정하지 않고 각자의 처지에 맞게 합리적인 선택을 하라는 원칙만 제시하고 있다. 거피취차는 획일적인 지시나 강요가 아니고 각자의 처지에 합당한 것을 취사선택하는 것이어서 지금도 다 따를 수 있는 좋은 가르침이다.

생지후와 선섭생

- 생활습관병과 생활요법 -

노자는 출생입사, 생지후, 선섭생이라는 말로 인간이 태어나 살면서 겪는 삶과 질병에 대한 가르침을 펼친다. 인간은 출생입사 즉, 태어나서 살다가 죽음에 들어간다. 그런데 생지후하는 사람은 사지에서 허덕이게 되고, 선섭생하는 사람은 맹수나 적병을 만나도 해를 당하지 않는다고 했다. 무슨 뜻인가? 이 장의 전문을 해석하면 이렇다.

> 태어나서 살다가 죽음에 들어간다. 삶의 무리가 10의 3이다. 죽음의 무리가 10 의 3이다. 살아서 몸이 움직이지만 죽을 처지에 있는 무리 역시 10의 3이다. 왜 그런가? 살면서 그 삶이 풍족하기 때문이다. 듣기로는 섭생(몸 조리)을 잘하는 사람은 육지를 다녀도 호랑이나 코뿔소를 만나지 않고 군에 들어가도 적병의 피습을 당하지 않는다. 코뿔소가 뿔을 들이댈 틈이 없고 호랑이가 발톱을 댈 곳이 없으며 적병이 칼을 댈 곳이 없다. 왜 그런가? 죽음의 자리가 없기 때문이다.

이 해석만으로는 그 뜻을 알기 어렵다. 삶이 풍족하면 왜 죽을 처지에 있게 되고, 섭생을 잘 한 사람은 왜 맹수나 적병을 만나도 이들이 해치지 못할까? 이 말은 비유다. 무엇에 대한 비유인가? "생지후"와 "선섭생"에 그 답이 있다. 이를 조금 풀어보면 질병과 관련된 의학적인 비유임을 알 수 있다.

> 사람은 태어나서 살다가 죽는다. 그 중 무병장수하는 사람이 10중 3이고 병으로 일찍 죽는 사람이 10중 3이고 살아 있지만 중병으로 죽을 처지에서 고생하는 사람 역시 10중 3이다. 왜 죽을 처지에서 허덕이는가? 지나치게 잘 먹고 풍족한 생활을 하기 때문이다. 듣기로는 평소에 건

강관리를 잘하는 사람은 무서운 역병(외뿔소, 호랑이, 적병)이 창궐해도(육지를 다녀도) 안전하고 또 역병에 노출되어도 걸리지 않는다(맹수의 뿔이나 발톱, 적병의 칼을 댈 데가 없다). 왜 그런가? 지나치게 풍족한 삶을 피하고 좋은 생활습관으로 죽을병에 걸릴 위험요인을 없앴기 때문이다.

이 비유는 위생적이고 섭생을 잘하는 사람은 전염병이 돌아도 걸리지 않고 지나치게 먹고 마시지 않고 절제된 삶을 살면 생활습관병(고혈압, 고지혈증, 비만, 당뇨병, 뇌졸중, 심장병, 동맥경화증, 암) 같은 난치병에 걸리지 않아서 고생하지 않고 장수할 수 있다는 비유다. "코뿔소, 호랑이, 적병의 피습을 당하지 않고 설령 피습을 당해도 맹수의 뿔, 발톱, 적병의 칼을 댈 데가 없다"는 표현은 이런 중한 질병에 걸리지 않아서 죽음의 위험에 빠지지 않는다는 비유다. 이 비유는 현대의학에서 말하는 생활 습관병의 발병 기전과 예방이론에 정확하게 일치한다. 사람이 태어나서 죽음으로 이어지는 과정을 어림 숫자로 설명한 것이나 난치의 생활 습관병의 발병기전을 제시한 점은 현대의학적인 관점에서 보아도 경이롭다. 또 노자 시대의 생활습관병이 지금과 다르지 않다는 것을 보면 노자시대의 삶이 지금의 것과 본질적으로 다르지 않음을 보여주고 있다.

섭생이란 말을 노자가 처음 쓴 것인지 알 수 없지만 노자는 지나치게 풍족한 생활(생지후)을 피하고 좋은 생활습관을 유지(선섭생)하면 무병장수한다는 것을 당대의 삶을 관찰하고 또 속설을 인용해서 펼치고 있다. 노자 당대에도 이런 생활습관과 관련된 질병이 많았다는 것은 당대의 삶이 지금과 본질적으로 다르지 않음을 보여준다. "내가 듣기로 선섭생자는 ..."이란 표현은 노자가 당대의 속설을 인용한다는 것을 밝힌 것이다. 이런 것을 자신의 관찰한 것처럼 말하지 않고 속설을 인용하는 것임을 밝히고 이를 체계적으로 기술한 것에서 노자의 자연과학자의 모습이 잘 나타난다. 노자는 자연과학자, 의학자다.

말로 펼치는 노자의 가르침

노자는 황금률을 말하지 않았고 성인군자처럼 도덕을 강조하지도 않았다. 그러나 노자는 일상에서 늘 사용하는 말로 가르침을 펼친다(2장, 5장, 23장, 43장, 56장, 81장). 그 가르침의 요점은 한 마디로 말을 많이 하지 말라는 것이다. 말은 인간의 가장 중요한 의사소통 수단이어서 말을 많이 하고 잘해야 소통도 잘 되고 가르치기도 좋을 것 같은데 노자는 말을 적게 하고 심지어 "말 없는 가르침을 행하라"고 했다. 그리고 말의 날카로움을 쳐내고 그 엉킴을 풀고 그 빛을 조화롭게 해서 티끌처럼 다 같아지는 "현동"의 경지를 이루어 귀천이 없는 공평한 세상을 만들어야 한다고 했다. 말을 적게 하는 것을 넘어 말을 순화해서 온 세상을 조화롭게 만들어야 한다는 가르침을 펼친다.

성인은 "말 없는 가르침을 펼친다"고 했다(2장, 43장). 말이 아닌 모범이 되는 행동으로 보여주는 것으로 가르침을 준다는 의미다. 평소에 좋은 행동을 보여서 사람들이 배우고 따르도록 하는 것이 말 없는 가르침이다. 말 없는 가르침의 본보기가 자연이다. 자연은 언제나 자연의 원리로 말없이 모든 것을 이루면서 변함없는 가르침을 펼친다. 자연은 만물을 낳았어도 떠들어 말하지 않고 낳았지만 소유하지 않으며 일을 이루었지만 자랑하지 않고 공을 세우고 머물지 않아서 사라지지 않는다(2장). 말 없는 가르침은 지극히 부드럽고 형태가 없어서 틈이 없는 인간의 마음속에 들어가 마음을 감화시켜서 세상을 아름답게 변화시키는 유익함을 낳는다(43장). 말을 많이 하지 않음의 유익함을 말하고 있다.

노자는 말을 많이 하지 말라는 가르침을 풀무질과 피리를 부는 것으로 비유했다(5장). 풀무질이나 피리를 불 때 아무렇게나 바람을 내보내지 않는다. 무쇠를 달구려면 풀무질로 바람을 잘 조절해야 하고 피리로 아름다운 곡조를 내려면 바람을 잘 조절해야 한다. 이처럼 말도 잘 조절해서 해야 한다. 말이 많으면 궁하게 되어서 실수하게 마련이므로 노자는 하고 싶은 말이 많아도 마음속에서 담아두라고 했다(5장).

자연은 말이 적다(23장)는 말로 말을 적게 하라는 가르침을 펼친다. 자연은 말이 아닌 오직 자연의 원리로 움직여서 자신의 일을 이룬다. 회오리바람이 한나절 내내 불지 않고 소낙비가 종일 내리지 않는다. 인간은 자연이어서 소낙비나 회오리바람 같은 자연을 본받아 말을 적게 하라는 가르침이다.

노자는 말을 적게 하는 것을 넘어 말을 잘 다듬어서 조화롭게 해야 한다는 가르침을 펼친다(56장). 아는 사람은 말하지 않는다. 자기가 아는 것만 말하기 때문이다. 말이 많은 사람은 알지 못한다. 자기가 알지 못하는 것을 아는 것처럼 떠들기 때문이다. 그러므로 노자는 아예 말하려는 욕망의 구멍을 막고 말이 나가는 입을 닫으라고 했다. 그리고 나오는 말도 그 예리함을 쳐내고, 얽힘을 풀고, 말의 빛을 조화롭게 하고 티끌처럼 고르게 해서 구별할 수 없는 현동의 상태를 이루라고 했다. 그러면 친해지거나 소원하게 할 수 없고 이롭게 하거나 해롭게 할 수도 없으며 귀하게 하거나 천하게 할 수 없어서 온 세상이 다 귀하게 된다. 노자의 가르침은 말을 적게 하는 것은 물론 나오는 말도 순화해서 온 세상이 다 같아지고 귀하게 해야 한다는 것이다.

노자는 미더운 말은 아름답지 않고 아름다움 말은 미덥

지 않다고 했다. 또 선한 사람은 말을 잘하지 못하고 말을 잘하는 사람은 선하지 않다고 했다(81장). 미더운 말은 꾸미지 않아서 아름답지 않다. 그러나 미덥고 진실하다. 아름다운 말은 꾸민 말이어서 아름답게 들리지만 믿을 수 없다. 선한 사람은 말을 잘하지 못하지만 선한 일을 행해서 그 말을 믿을 수 있고, 말을 잘하는 사람은 말로만 선한 것처럼 떠들어서 그 말은 믿을 수 없다. 말은 꾸밈이 없고 믿을 수 있으며 선한 행동이 따라야 한다는 가르침이다.

말에 대한 노자의 가르침은 말을 적게 하고 말이 아닌 모범적인 행위로 가르치고 아름다운 말보다 꾸미지 않은 진실한 말, 믿을 수 있는 말, 선한 행동이 따르는 말, 부드럽고 조화로운 말을 하라는 것이다. 말의 조화로 온 세상이 티끌처럼 고르게 하면(현동) 모든 것이 다 귀하고 평등하게 되기 때문이다.

노자의 통치관

도덕경을 통치사상서나 제왕학으로 여기기도 한다. 도덕경에 통치나 통치자에 대한 노자의 가르침이 자주 나오기 때문일 것이다. 그러나 노자가 통치를 자주 언급한 것은 통치자들의 일탈에서 오는 백성들의 고통을 말하면서 통치자에게 무위의 통치를 하라는 가르침을 펼치는 것이지 통치술을 가르치는 것이 아니다. 그러므로 도덕경은 통치사상서나 제왕학이라고 할 수 없다. 도덕경은 자연과 인간의 삶과 관계된 모든 분야를 다루고 있어서 도덕경은 철학, 미학, 심리학, 정치학, 윤리학, 군사학도 되고(이중텐) 물리학과 의학적인 내용도 여러 곳에 펼쳐서(15장, 32장, 40장, 50장, 76장, 78장) 그 내용이 단순하지 않다. 그러나 통치자는 중후한 자세를 갖추어야 한다고 했다. 가벼우면 근본을 잃고 조급하면 군주의 자리를 잃는다고 했다(36장). 좋은 통치자를 백성들이 있는지 없는지도 잘 모르는 통치자(17장)라는 말을 했을 뿐 통치술을 가르치지 않았다.

노자의 통치에 대한 가르침은 첫째, 법으로 바르게 통치하는 법치다(57장). 그리고 법치와 관련해서 두 가지 점을 말했다. 그 하나는 법의 취지에 맞게 법을 집행해야 한다는 것이다. 중죄를 지으면 법에 따라 사형 같은 형벌로 다스려서 백성들이 중죄를 짓지 않도록 경각심을 주어야 하지만 이런 중형의 집행은 공정하고 엄격하게 법 절차를 따라 시행해서 부작용을 막아야 한다는 것을 목수의 비유로 펼쳤다(74장).

둘째, 법치는 까다롭지 않아야 한다고 했다. 법이 더 밝아지면 도적은 더 늘어나고(57장) 법이 너무 촘촘하면 백성들이 그 법을 다 지킬 수 없다. 그러면 범법자가 늘어나는 것은 물론 백성들은 법망을 빠져나갈 구실을 만들고 법을 무시하고 공공연하게 법을 어긴다. 그러므로 법치는 넉넉하고 너그러워야 백성들이 순박해 져서 다스리기 좋다(58장). 법치는 백성들이 잘 따를 수 있게 해야 한다는 것이다.

셋째, 덕치다. 덕치는 백성들을 배려하고 이로움을 주는 덕, 배려하는 마음으로 하여서 그 이로움이 백성들에게 돌아가게 하는 통치다. 사람들은 통나무를 쪼개서 이런 저런 그릇으로 만들어 쓰지만 성인은 통나무를 쪼개지 않고 큰 그릇, 지도자를 만들어 쓴다. 이런 이치로 훌륭한 제도는 세세하게 나누지 않고 상반되는 것으로 조화를 이루는 변치 않는 상덕의 큰 틀에서 운용해야 한다고 했다(28장). 늘 열린 마음으로 백성들의 마음을 헤아려서 자신의 마음으로 삼고 백성들을 자신의 자식들처럼 돌보는 것이 덕의 통치다. 자신에게 선하게 대하는 사람이나 선하게 대하지 않는 사람에게도 선하게 대하는 덕의 선함과 자신에게 미덥게 대하는 사람이나 미덥게 대하지 않은 사람에게도 미덥게 대하는 덕의 미더움으로 펼치는 통치가 덕치다(49장). 또 지모나 술수가 아닌 현덕으로 다스려서(65장) 나라에 복이 되고 그 이로움이 백성들에게 돌아가는 큰 순리에 이르게 하는 통치가 덕치다. 덕치는 지모나 술수가 아닌 배려와 선함과 신뢰로 백성들을 다스려서 이로움을 주는 통치다.

넷째, 무위의 통치다. 무위의 통치는 자연의 섭리는 물론 인륜적인 도, 도리로 펼치는 통치다. 노자는 통치자들에게 무위의 다스림을 펼치라고 강조하고 있다. 통치의 요체는 백성들이 헐벗고 굶주리지 않게 하고 안락한 거처에서 편안하게 살 수 있도록 하는 것이다. 노자는 백성들이 배불리 먹고 건강하게 살면서 지나친 욕심이나 사는데 도움이 되지 않는 지식을 추구하지 않도록 통치하라고 했다. 이렇게 통치자들이 자연의 섭리와 인륜적인 도에 합당한 무위로 다스리면 다스리지 못할 것이 없다고 했다(3장). 성스러움, 지혜, 인의, 기교 같은 말로 하는 통치는 백성들에게 이롭지도 않고 효성이나 자애가 회복되지도 않고 도적이 줄어들지도 않는다. 그러므로 이런 작위적인 것을 버리고 소박하고 욕심을 적게 하고 사사로움을 추구하지 않는 자연의 섭리에 맞는 통치 즉, 무위의 통치를 해야 한다(19장).

백성들을 안락하게 살 수 있게 하려면 통치자들은 늘 백성들을 위하는 마음으로 통치해야 한다. 통치자는 백성들의 삶을 보살펴주어서 백성들이 통치자를 잘 따르게 하는 것이 좋다(72장). 그러나 통치자들은 오히려 강압적인 통치와 과도한 세금으로 백성들을 헐벗고 굶주리게 하고 자신들만 호의호식한다. 견디지 못한 백성들은 죽음을 가볍게 여긴다(75장). 이런 통치는 도, 도리에 반한다. 노자는 이런 통치자들을 꾸짖으면서 무위의 통치를 하라고 했다(53장). 통치의 기본은 법치이지만 법치는 통치자의 작위가 개입될 수 있어서 백성들에게 고통을 줄 수 있다(75장). 그러므로 통치는 법치를 바탕으로 백성들의 이로움을 주는 덕치가 더 좋다. 그러나 무위로 하면 다스리지 못할 것이 없어서 무위의 통치가 가장 좋다(3장). 무위의 통치가 가장 좋지만 통치자들은 법치나 덕치라도 제대로 해서 백성들이 배부르고 건강하고 안락하게 살 수 있도록 해야 한다는 것이 노자의 통치관이다.

노자의 전쟁관

노자의 전쟁관은 한마디로 부전, 반전이다. 하지만 전쟁을 해야 한다면 기발한 전략과 전술로 해야 한다고 했다. 전쟁은 도(전쟁과 관련된 도는 인륜적인 도, 도리다)와 비슷한 것이 없다. 전쟁은 살상과 파괴를 불러오고 전답을 황폐화시키고 국고를 탕진하게 해서 온 백성들은 큰 고통을 준다. 한 마디로 전쟁은 반인륜적이고 재앙이다. 노자는 전쟁이 일어나는 것은 인륜적인 도, 도리가 없기 때문이라고 했다(46장). 노자는 용병을 언급하기도 해서 도덕경을 병서로 보기도 한다. 그러나 노자는 체계적인 전술이나 전략을 말하지 않고 전쟁이 인간사회에 미치는 해악을 말하면서 싸우지 않아야 한다거나 싸움을 해야 한다면 피해를 최소화하면서 승리해야 한다는 전쟁관을 펼쳤다.

1. 전쟁은 도가 아니고 전쟁은 큰 대가를 치른다(30장)

전쟁을 하면 이겨도 피해가 따른다. 인명과 재산 피해, 국고가 탕진되고 군대가 머물던 곳은 가시덤불이 자라고 전답이 황폐해지고 전쟁이 끝난 후에는 반드시 흉년이 들어서 백성들의 고통이 이어진다. 전쟁은 도와 비슷한 것은 하나도 없다. 그래서 전과를 내고 승리했다고 자랑 하지 말고 강한 태도를 취하지 말아야 한다. 강해서 이긴 것이 아니라 어쩌다 운이 따라서 승리한 것일 수도 있고 강해서 이겼다 해도 강하면 빨리 쇠퇴하기 마련이어서 자랑할 것이 못된다. 만물은 빨리 장성하면 빨리 시들고 빨리 끝난다. 일찍 끝나는 것은 도가 아니다. 군대도 강하면 오래가지 못한다고 했다. 전쟁은 도가 아니어서 하지 말아야 한다고 했다. 노자의 반전사상이다.

2. 무기는 상서롭지 못하고 군자의 기물이 아니다. 승리해도 상례로 치르라(31장).

훌륭한 병기는 상서롭지 못한 기물이어서 군자의 기물이 아니다. 어쩔 수 없이 병기를 쓴다면 담담한 마음으로 하고 승리해도 이를 미화하지 않아야 한다. 이를 미화하는 자는 살인을 즐기는 자여서 천하에 뜻을 이룰 수 없다. 전쟁에서 이긴 것은 피의 대가다. 그러므로 슬프고 비통한 마음으로 눈물을 흘리며 상례로 치러야 한다고 했다. 노자의 반전사상이다.

3. 만족함을 알지 못하면 큰 화를 부르고 욕심을 품으면 큰 재앙을 부른다(46장).

전쟁은 통치자가 일으킨다. 통치자가 만족함을 모르고 영토에 대한 욕심이 있어서 이웃나라를 침략한다. 이것은 도, 도리에 반한다. 이 도, 도리가 없어서 전쟁이 일어난다는 것이 노자의 전쟁관이다.

4. 전쟁은 기발한 책략으로 하라(57장)

나라를 다스리는 것은 공정하게 법으로 하고 천하를 얻으려면 도에 맞게 해야 하고(무사) 용병은 기발한 전술, 전략으로 하라고 했다. 군사력의 강함만을 앞세우고 싸우면 이기기도 어렵고 이겨도 피해가 크다. 그러므로 기발한 전술, 전략으로 싸워서 피해를 최소화해서 승리해야 한다는 의미다. 노자는 반전, 부전을 주장하지만 침략을 당하면 기발한 전술, 전략으로 승리해야 한다고 했다(69장). 이런 말은 기책을 써서 전쟁을 하라는 것이 아니고 침략을 당할 때 기책을 써서 나라와 백성들을 지키라는 것이다.

5. 자애로 싸우면 이기고 자애로 지키면 견고하다(67장)

노자의 세 가지 보물은 자애, 검소함, 감히 앞에 나서지 않음인데 이를 버리고 용감해지거나 낭비하거나 사람들의 앞에 서려고 하면 죽음이라고 했다. 용감하다는 것은 도, 자연의 원리에 반하는 일을 감행하는 것이어서 죽는다(73장). 그런데 "자애로 싸우면 이기고, 자애로 지키면 견고하다. 하늘이 장차 누구를 구하려 한다면 자애로 지켜줄 것이다"고 했다. 무슨 뜻인가? 자애로운 전쟁이 있는가? 피를 흘리지 않고 싸울 수 있는가? 전쟁에서 피를 흘리지 않는 방법은 단 한 가지뿐이다. 싸우지 않는 것이다. 그러므로 이 말은 싸우지 않는 것, 부전을 말하는 것이다. 싸우지 않음을 이기는 것으로 하라는 것이다. 이것이 노자의 부전사상, 전쟁관이다.

6. 무장하지 말고 성내지 말고 개입하지 말라(68장).

유능한 장수는 무력을 쉽게 드러내지 않고 전략도 없이 홧김에 싸우지 않으며 아예 싸움판에 끼어들지 않는다. 전쟁을 무기로만 하지 않고 적개심만으로 이길 수 없으며 판판히 맞붙어서 싸워야만 하는 것도 아니다. 힘 있는 장수라도 전쟁의 폐해를 생각해서 신중하게 대해야 한다. 적과 맞붙어 죽기 살기로 싸워서 이겨도 피해가 크다. 싸우지 않고 피해를 입지 않는 것이 가장 좋다. 싸우지 않음의 덕은 하늘의 뜻에 부합한다. 노자의 전쟁관은 부전, 싸우지 않음의 덕을 행하는 것이다.

7. 싸워야 할 때는 싸워라(69장)

쳐들어오는 적을 손님처럼 맞이하고 한 치를 앞으로 나가는 대신 한자를 물러난다. 이것이 나아가지 않고 나아가는 것이고 팔 없이 물리치는 것이며 잡을 병기 없는 것이고 불러들일 적이 없는 것이라고 했다. 이 말은 적이 침입하면 처음부터 싸우면서 피를 흘리지 말고 현명한 전술, 전략을 구사해서 피해를 최소화하라는 의미다. 초반에는 후퇴하는 전술을 쓰면서 최후의 승리를 쟁취하라는 의미다. 노자는 쳐들어오는 적과도 싸우지 말라는 것이 아니다. 침략을 당하면 기책을 써서 싸우고 최후의 승리를 취하라고 했다. 전쟁을 피하지 않는 것 또한 노자의 전쟁관이다.

8. 적을 가볍게 보지 말라(69장)

적을 가볍게 보지 말라고 했다. 적을 가볍게 보면 큰 화를 입게 되고 갖고 있는 귀한 보물을 잃는 것과 같다고 했다. 항상 적을 가볍게 보지 말고 유비무환의 태세를 갖추고 있어야 한다. 또 적이 약해 보여도 먼저 싸움을 걸지 않아야 하늘이 자애로 지켜 준다는 부전사상을 펼친다.

9. 전투에서 정신전력이 중요하다(69장)

전투력이 비슷한 군대가 대결하면 슬퍼하는 자가 이긴다고 했다. 전쟁의 비극을 통감하고 정신무장을 굳게 갖추고 싸움에 임하는 군대가 승리한다는 의미다. 전쟁에서 정신무장은 승패를 좌우하는 중요한 요인임을 말한다.

10. 마을 같은 작은 나라와 진을 치지 않는 군대(80장)

노자가 그리는 이상 국가는 마을처럼 작은 나라다. 군대가 있지만 진을 치지 않는다고 했다. 이상적인 국가는 적은 병력의 군대만 갖고 있어서 다른 나라를 침략할 능력이 없다. 이상적인 국가는 다른 나라를 침략하려는 의도조차 갖지 않는 나라다. 이것이 노자의 부전사상의 일면이다.

노자의 전쟁관의 핵심은 싸우지 않는 것, 부전이다. 노자 당대에 전쟁양상이 패권전쟁이 되면서 살육과 파괴가 심했다. 이에 노자는 전쟁의 참상을 생각해서 전쟁을 아예 하지 말아야 한다고 했다. 그러나 침략을 당하면 적절한 전술을 구사해서 승리해야 한다는 가르침을 펼쳤다. 힘이 비슷한 군대가 싸우면 애통하는 군대가 승리한다고 했다. 전쟁의 비극을 알아서 유비무환의 대비와 정신무장을 잘 갖추고 전쟁에 임하는 자가 이긴다는 의미다. 노자가 반전, 부전을 말하는 것은 백성들이 화를 입지 않게 하려는 것이다.

노자의 애민사상이다.

전쟁을 백성들이 일으키지 않는다. 다 통치자들이 일으킨다. 백성들은 그 고통을 짊어진다. 노자의 부전, 반전사상은 모두 통치자들에 대한 가르침이다.

노자의 유약사상

노자는 "부드럽고 약한 것이 굳고 강한 것을 이긴다"는 유약사상(10장, 36장, 43장, 76장, 78장)을 펼쳤다. 중요한 노자의 사상이다. 틈이 없어도 들어가는 지극한 부드러움(43장), 갓난아이의 부드러움(10장, 55장), 생명력의 부드러움(76장), 물의 부드러움(78장), 부드러움을 유지하는 것이 강한 것(52장)이라는 것으로 유약사상을 펼쳤다.

1. 갓난아이의 부드러움으로 펼치는 유약사상(10장)

"기를 집중시켜 부드럽기를 갓난아이처럼 할 수 있겠는가"라고 통치자에게 묻는다. 갓난아이의 부드러움에서 나오는 행위는 작위가 없는 오직 생리적인 원리, 자연의 원리를 따라 나오는 전형적인 무위다. 이런 갓난아이의 부드러움을 본받아 부드러움의 통치, 무위의 통치를 하라는 가르침이다. 갓난아이의 부드러움으로 펼치는 유약사상이다.

2. 미명의 원리로 펼치는 유약사상(36장)

전제조건에 맞추어서 원하는 것을 얻는 것이 미명(미묘한 지혜)의 원리로 유약사상을 펼친다. 펴진 것이라야 접을 수 있다. 강한 것이어야 약하게 할 수 있다. 흥한 것이라야 망하게 할 수 있다. 남에 손에 있어야 빼앗을 수 있다. 그런데 부드럽고 약한 것이 굳고 강한 것을 이긴다고 했다. 어떻게 이기는가? 약하고 부드러운 것이 굳고 강한 상대보다 더 굳고 강해지는 것이 아니라 반대로 자신이 더 부드럽고 약해지는 것이다. 그러면 강한 상대도 부드러워져서 서로 충돌하지 않아서 약한 것이 살아남는다. 이것이 약한 것이 강한 것을 이기는 미명의 원리, 미묘한 지혜, 현명함이다. 길손의 외투를 벗기는 것은 강한 바람이 아니라 따뜻한 햇볕이다. 백성을 다스리고 사람을 부리고 자식을 기르고 학생을 가르치는 것도 강압, 억지보다 부드러운 방식이 더 효과적이다. 미명의 원리로 펼치는 노자의 유약사상이다.

3. 지극히 부드러우면 틈이 없는 곳에 들어가 무위의 유익함을 낳는 유약사상(43장)

지극히 부드러우면 형태가 없어서(무유) 틈이 없는 곳(무간)에 들어간다고 했다. "불언지교", 말 없는 가르침, 모범적인 행위로 보여주는 가르침은 형태가 없고 지극히 부드러워서 틈이 없는 인간의 마음속으로 들어가서 변화를 일으키고 유익함을 낳는다. 지극한 부드러움으로 펼치는 무위의 유익함, 노자의 유약사상이다.

4. 갓난아이의 부드러움으로 펼치는 유약사상(55장)

갓난아이의 부드러움은 지극한 정기, 지극한 조화, 생명력의 상징이다. 독충이나 맹수나 맹조도 갓난아이를 해치지 않는다. 갓난아이는 힘이 약하고 부드럽지만 손으로 잡는 힘이 강하다. 붙잡고 놓치지 않아야 산다는 본능적인 반사행위, 설근(緤筋)반사다. 본능에서 나오는 힘, 무위의 힘은 근골이 약해도 강하다. 갓난아이의 유약함에서 나오는 힘, 무위의 힘으로 펼치는 노자의 유약사상이다.

5. 삶과 죽음의 현상으로 펼치는 유약사상(76장)

살아 있는 것은 약하고 부드럽고, 죽은 것은 굳고 강하다. 사후경직현상이다. 부드럽고 약해서 움직이는 것이 산 것이도 굳고 강해서 움직일 수 없는 것은 죽은 것이다. 그러므로 부드럽고 약한 것이 굳고 강한 것의 위에 처한다. 살아 있는 나무는 유연해서 잘 부러지지 않지만 죽은 나무는 마르고 굳어서 잘 부러진다. 군대도 강하면 유연성을 잃고 융통성이 없어서 싸움에서 이기지 못한다. 자연의 세계에서는 강한 놈이 아니라 유연하게 잘 적응을 하는 놈이 살아남는다. 부드러움을 유지하는 것이 강한 것이라고 했다(52장). 부드러운 것이 살아있는 것이기 때문이다. 생사의 현상으로 펼치는 노자의 유약사상이다.

6. 유약한 물로 펼치는 유약사상(78장)

세상에서 물이 가장 부드럽고 약하지만 이를 당할 것이 없다고 했다. 부드러운 물이 많이 빠르고 흐르는 홍수나 쓰나미는 엄청난 힘으로 모든 것을 휩쓴다. 또 부드러운 물방울도 오랜 세월 마찰의 힘으로 바위를 깎는다. 노자는 이런 자연현상을 보고 물이 부드럽고 약하지만 큰 힘을 낸다는 유약사상을 펼쳤다. 부드러운 물이 큰 힘을 내듯 부드러운 삶, 부드러운 가르침, 부드러운 통치가 큰 힘을 내서 유익하다는 가르침이다.

7. 유약사상과 상통하는 가르침

노자는 일상에서 늘 보고 경험하는 것이나 자연현상으로 유약사상을 펼치면서 부드러움의 이로움을 가르친다. 노자는 강한 것보다 약하고 부드러운 것, 앞에 나서기보다 뒤에 섬, 위보다 아래에 처함, 무장하기보다 무장하지 않음, 적과 싸우기보다 개입하지 않음, 움직이는 것보다 가만히 있는 것, 시끄러운 것보다 조용한 것, 쌓아놓기보다 베푸는 것, 더하기보다 덜어 내는 것의 유익함을 말했다. 모두 유약사상과 상통하는 가르침이다. 노자 사상에서 유약의 의미를 이렇게 넓게 볼 수 있다.

노자는 자연현상을 탐구하고 자연과학적 사고를 펼쳤다

자연과 자연현상 그리고 자연과학적 원리에 대한 구체적인 표현들이 도덕경에 등장한다. 이런 표현들을 통해서 노자의 자연주의자, 자연과학자의 면모를 살펴본다.

노자는 자연주의자다

자연주의자를 "세상의 모든 현상과 그 변화의 근본 원리가 자연에 있다고 여기고 그 원리나 사상을 펼치는 사람"으로 정의하면 노자는 자연주의자다. 다른 말로 천지만물(자연)의 운행과 자연의 존재인 인간의 삶을 탐구하고 그 원리를 펼치는 노자는 자연주의자다. 도덕경에 기술된 노자의 자연주의자의 면모를 살펴보면 이렇다.

첫째, 노자는 수많은 천하 만물, 눈에 보이는 것뿐만 아니라 눈에 보이지 않는 자연의 원리, 음양이나 추위, 더위 같은 자연현상으로 그의 사상을 펼쳤다. 인간은 갓난아이로부터 왕에 이르기까지 각계각층의 인물로 수백 번 등장한다. 그리고 물의 자연현상으로 유약사상(78장), 강과 바다, 골짜기, 통나무, 독사, 맹수, 영아로 펼치는 무위사상(28장, 32장, 55장), 하늘과 땅과 인간이 도, 자연의 원리로 움직이고 (39장), 작은 씨앗이 아름드리나무가 되는 자연현상(64장), 살아 있을 때 부드러움이 죽으면 굳어지는 병리현상(76장), 소낙비나 회오리바람(23장) 같은 자연현상, 움직이면 추위를 이기고 조용히 있으면 더위를 물리치는 생리현상(45장), 갓난아이가 손으로 강하게 잡는 힘, 고추가 빳빳하게 서는 것, 울면서 자신의 욕구를 하루 종일 표현해도 목이 쉬지 않는 여러 생리현상(55장)과 같은 자연현상으로 자신의 가르침을 펼쳤다. 자연과 자연현상으로 사상을 펼친 노자는 자연주의자다.

둘째, 노자는 미, 추, 선, 불선을 따지는 상대적인 인간세계와 구별되는 자연의 세계를 강조했다(2장). 오직 자연의 원리에 맞게 일을 처리하고(무위) 자연처럼 말이 없는 가르침을 펼치고 미추, 선악을 따지지 않고 만물을 낳았지만 자랑하거나 자기 것이라고 주장하지 않으며, 오직 자연의 원리로 움직이는 무위의 세계, 자연의 세계를 말했다. 노자는 자연주의자다(2장).

셋째, 빛나는 보석처럼 눈길을 끄는 명예를 추구하지 말고 다듬지 않은 돌 같은 자연에 삶의 가치를 두는 노자는 자연주의자다(39장).

넷째, 노자는 인간을 자연으로 보았다. 인간은 땅, 하늘과 마찬가지로 자연법칙의 도를 따라야 하는 자연이다(25장). 노자는 인간을 암컷과 수컷이라고 했다(6장, 10장, 28장, 55장, 61장). 자연친화적인 인수공통용어를 써서 인간은 짐승과 같다고 했다. 인간은 골짜기의 신, 현묘한 암컷의 문(6장)으로 나온 골짜기의 자식, 자연이다. 인간을 자연으로 보는 노자는 자연주의자다.

다섯째, 마을 같이 작은 나라에서 자연과 더불어 미풍양속을 즐기면서 단순하고 즐겁게 사는 나라가 노자의 이상향이다(80장). 이처럼 인위적인 것을 최소화하고 자연친화적인 삶을 이상적인 것으로 보는 노자는 자연주의자다.

자연과 자연현상으로 자신의 사상을 펼치고 인간이 자연임을 말하는 노자는 자연주의자다.

노자는 과학적인 사고를 펼친
철학자, 자연과학자다

노자는 과학이라는 용어가 나오기 이전의 인물이어서 노자를 과학과 연관시키는 것이 불합리한 것 같지만 자연과학자를 "자연과 자연현상의 원리를 탐구하는 사람"으로 정의하면 노자는 당대의 탈레스, 데모크리토스, 아르키메데스, 아리스토텔레스, 피타고라스, 히포크라테스 같은 서양의 철학자, 물리학자, 수학자, 의학자처럼 자연과 자연현상의 원리를 탐구하고 자신의 사상을 펼쳐서 자연과학자의 범주에 속한다. 당대에 자연과 자연현상의 원리를 탐구한 철학은 지금의 자연과학이다. 당대의 점성술은 지금의 천문학이고 동력학은 물리학이며 연금술은 화학이다. 노자 역시 자연의 여러 현상, 인간의 생리현상을 관찰, 탐구하여 그 원리를 밝히면서 가르침을 펼쳤다. 도덕경에 나오는 노자의 탐구에서 오는 자연과학자의 모습은 이렇다.

첫째, 노자는 여러 자연현상이 정확하게 반복해서 일어나는 것이 우연이 아니고 어떤 원리에 의해서 일어난다고 보고 이런 자연현상의 원리를 하나(一)로 묶어서 도라고 했다. 천하 만물의 창조의 원리(1장, 4장, 25장, 34장, 40장, 42장, 51장)인 도, 천지만물의 운행의 원리(39장)인 도, 영원히 반복, 지속되는 도(40장)가 자연법칙의 도라고 했다. 자연과 자연현상의 원리를 탐구하여 자연법칙의 도를 도출하고 기술한 노자는 자연과학자다.

둘째, 자연현상을 관찰하고 기술한 그 내용이나 방식이 과학적이다. 노자는 혼탁한 것은 아무리 오래 두어도 맑아지지 않고, 안정된 것은 아무리 흔들어도 살아나지 않는다고 했다(15장). 단순한 말 같지만 이것은 불변의 자연과학적 원리, 열역학의 제2 법칙, 엔트로피의 법칙이다. 검은 것으로 평형을 이룬 먹물은 아무리 오래 두어도 맑아지지 않고,

유용한 에너지가 고갈되어 죽은 것은 아무리 흔들어도 살아나지 않는 자연현상의 원리를 말한 것이다. 움직이면 추위를 이기고 조용히 있으면 더위를 이긴다(45장)는 것(생리학적 원리), 갓난아이가 물건이 손에 닿으면 무의식적으로 꽉 잡는 반사작용(생리학적인 원리, 설근반사, 55장), 갓난아이는 성교를 모르지만 고추가 빳빳하게 서고 울어도 목이 쇠지 않는 것(55장), 털끝 같은 작은 싹이 아름드리나무가 되는 생장의 원리(64장), 살아 있을 때 부드럽던 것이 죽으면 뻣뻣해지는 병리현상(사후경직, 76장), 도(一)가 사라지면 천하 만물이 파멸할 수 있다는 것(39장)등 여러 자연현상을 관찰하고 탐구했다. 고추가 빳빳하게 서고 울어도 목이 쇠지 않는다는 것을 정기가 지극하다고 한 것은 생리학적, 의학적 의미가 있다. 갓난아이의 고추가 빳빳하게 서는 것은 고환에서 나오는 남성호르몬(테스토스태론)의 작용으로 고추로 혈액을 보내서 음경의 혈관을 확장, 팽창시켜서 일어나는 현상이다. 그래야 음경이 제대로 발달해서 성인이 되어서 쓸 수 있는 물건이 된다. 음경발달에 매우 중요한 과정이다. 우는 것도 마찬가지다. 갓난아이의 울음은 슬퍼서 우는 것이 아니다. 소통의 수단이다. 어미에게 도움을 요청하는 것이다. 그래서 목이 잘 쇠면 문제다. 다 중요한 생리학적 원리에 따른 현상이다. 이처럼 생리학적인 원리, 자연의 원리를 관찰하고 체계적으로 기술한 것에서 노자의 자연과학자의 면모를 볼 수 있다.

셋째, 물의 흐름의 비유로 도가 중력 같은 자연법칙임을 말했다. "비유하자면 도가 있다는 것은 작은 시내와 계곡의 물이 강과 바다에 이르는 것과 같다(32장)"고 비유했다. 작은 시내와 계곡의 물이 낮은 곳으로 흘러 강과 바다에 이르는 것은 도의 작용에 따른 것이라고 했다. 물이 아래로 흐르게 하는 것이 자연의 원리(중력), 도에 의한 것이라고 한 노자는 자연과학자다.

넷째, 노자는 물리학적 원리에도 부합하는 과학적 원리를 펼쳤다. "도는 영원히 반복하고 그 쓰임은 약하다고 했다(40장)"고 했다. 도, 자연법칙은 온 우주에 편재하고 한순간도 쉬지 않고 영원히 반복적으로 작동하지만 누구도 그 위력을 느끼지 못해서 약해 보인다. 이런 과학적인 원리를 정확하게 기술한 노자는 자연과학자다.

다섯째, 노자는 무에서 천하 만물이 나왔다고 했다(40장). 노자가 무를 천하 만물의 창조의 시원으로 언급했다는 점에서 이 무가 빅뱅이론의 특이점의 무와 그 의미가 다르지 않다. 이것이 노자의 독창적인 탐구와 사고의 결과라는 점에서 노자는 자연과학자다.

여섯째, 노자는 당대의 속설을 인용하여 과학적 원리를 펼쳤다(50장). 세간에 알려진 속설을 분석하고 이론을 정립하는 것은 자연과학자의 연구방식 중의 하나다. "내가 들은 바에 의하면 섭생(몸 관리)을 잘하는 사람은 육지를 다녀도 호랑이나 코뿔소를 만나지 않고 군에 들어가도 적병의 피습을 당하지 않는다. 코뿔소가 뿔을 들이댈 틈이 없고 호랑이도 발톱을 댈 곳이 없으며 적병이 칼을 댈 곳이 없다"고 했다. 이것은 당대의 속설을 인용해서 섭생을 잘하는 사람 즉, 건강관리를 잘하는 사람은 무서운 역병에 걸리지 않는다는 비유다. 그리고 생지후(生之厚)하는 사람 즉, 지나치게 먹고 잘사는 사람은 중병(생활습관병)에 걸려서 죽음의 문턱에서 허덕인다고 했다. 이런 기술은 현대의학의 생활습관병의 발병기전과 예방법인 생활요법의 원리에 정확하게 일치한다. 당대의 속설로 이런 질병의 발병과 예방에 대한 원리를 기술한 노자는 자연과학자, 의학자다.

노자는 여러 자연현상의 원리에서 자연법칙의 도를 도출하고 이 도를 따르는 무위자연사상을 펼친 철학자다. 당대에 서양의 철인들은 천체의 운행과 지상의 여러 자연현상의 원리를 탐구했다. 같은 시대에 동양의 노자는 천하 만물의 창조와 자연의 운행과 자연현상의 원리를 탐구하여 그 원리, 자연법칙을 도라고 했고 인간은 자연이어서 이 도, 자연의 원리를 따라야 한다는 무위자연사상을 펼쳤다. 노자는 당대에 동서양을 대표하는 철학자이고 지금의 자연과학자다.

IV

◇◇◇

나가면서

◇◇◇

도덕경, 노자사상의 핵심을 이루는 것은 도는 자연법칙이고, 덕은 도를 따라 배려하는 마음과 이로움을 베푸는 마음 씀과 행위이고, 인간은 자연이라는 것이다. 인간을 포함한 온 천하 만물은 도, 자연법칙의 지배를 받는 존재라는 것이다. 그러므로 자연인 인간은 자연법칙을 따라야 하는 존재다. 이 자연법칙의 도를 따라야 위태로움을 면하고 모든 것을 이루면서 살 수 있다. 이것이 노자의 핵심사상인 무위자연사상이다. 인간은 자연과 함께 자연 속에서 자연의 원리인 도를 따라 한 몸을 잘 보존하면서 자신의 본분을 다 하면서 살라는 것이 노자의 가르침의 핵심, 무위자연사상의 의미다.

노자는 누구나 다 보고 아는 자연과 자연현상, 인간의 삶(일상, 통치, 전쟁)을 통해서 그의 사상을 펼쳐서 어렵지 않게 이해할 수 있다. 도덕경이 한자로 쓰인 운문이어서 그 뜻을 이해하는 것이 어려워서 노자의 사상에 접근하는 것이 어려울 뿐 노자사상이 어려운 것이 아니다. 신비하지도 않다. 자연의 원리, 질서를 따라 안전하고 평화스럽게 살아야 한다는 것을 가르치는 것이어서 현대인들도 따를 수 있고 따라야 할 가르침이다. 이것이 자연과학도인 필자가 읽고 이해하는 도덕경이다.